METRO

走近轨道交通科普系列丛书

你不知道的轨道交通

张中杰 主编
陈锦剑 朱观华 副主编

同济大学出版社·上海

图书在版编目（CIP）数据

你不知道的轨道交通 / 张中杰主编. — 上海：同济大学出版社，2022.7

（走近轨道交通科普系列丛书）

ISBN 978-7-5765-0310-4

Ⅰ. ①你… Ⅱ. ①张… Ⅲ. ①城市铁路－轨道交通－青少年读物 Ⅳ. ①U239.5-49

中国版本图书馆 CIP 数据核字（2022）第 141072 号

走近轨道交通科普系列丛书

你不知道的轨道交通

张中杰　主编

陈锦剑　朱观华　副主编

策划编辑　陆克丽霞　　**责任编辑**　姚烨铭

责任校对　徐春莲　　**装帧设计**　潘向蓁　王　翔

出版发行　同济大学出版社　www.tongjipress.com.cn

（地址：上海市四平路 1239 号　邮编：200092　电话：021-65985622）

经　　销　全国各地新华书店

印　　刷　上海安枫印务有限公司

开　　本　710mm × 1000mm　1/16

印　　张　8.75

字　　数　175 000

版　　次　2022 年 7 月第 1 版

印　　次　2022 年 7 月第 1 次印刷

书　　号　ISBN 978-7-5765-0310-4

定　　价　58.00 元

走近轨道交通科普系列丛书编委会

总 序

城市轨道交通作为一种绿色低碳的城市交通系统，是目前解决我国城市交通问题和大气污染问题的最佳方式。早在 20 世纪 90 年代末，国内就已掀起了城市轨道交通建设的热潮，并且范围越来越广。随着城市轨道交通建设如火如荼地进行，城市轨道交通科技也在蓬勃发展。土建、车辆、供电、通信、信号、综合监控、机电设备及消防系统等与城市轨道交通相关专业的技术成果丰硕。城市轨道交通成为支撑、引领经济快速发展和推动社会进步的新引擎。因此，推动轨道交通领域的科技进步与创新、促进先进技术的更新与应用、提高群体科学素养就显得尤为重要。

“走近轨道交通科普系列丛书”正是从广大市民的角度出发，围绕大家关心的问题，以“一问一答”的形式，深入浅出地介绍城市轨道交通科学知识及安全出行要点。本套丛书语言通俗易懂、叙述生动有趣，地铁源于“查尔斯·皮尔逊与老鼠的一次历史性的‘会面’”“地铁车辆每节车厢下面都‘别有洞天’”“你可以想象列车凭借一根钢轨悬挂在半空中”……这些阐述均来自本套丛书，相信一定能够激发读者对轨道交通的浓厚兴趣，为他们打开一扇了解轨道交通的窗口。

本套丛书的编者中有活跃在轨道交通设计研究工作第一线的青年科技骨干，也有活跃在教育领域第一线的青年教师。他们在总结实践经验的基础上，碰撞思维、跨界交流、精心甄选，为读者描绘出一幅幅轨道交通的知识画卷，带领大家感受轨道交通前沿科技的魅力。同时，本套丛书还有助于拉近读者与轨道交通专业工作者之间的距离，让读者能够理解城市轨道交通建设中必不可少的“阵痛”，学习轨道交通突发事件的正确应对方式，从而更好地融入新时代城市数字化转型的进程，进一步认可、接受并选择绿色低碳出行，助力国家实现“双碳”目标。

全国勘察设计大师

2021年12月

丛书前言

城市轨道交通是人们出行的重要交通工具。相比于城市道路和桥梁，轨道交通是一个较新的领域，因此不易被青少年及广大市民所了解。在日常搭乘轨道交通的过程中，有时人们会像历史学家，关心地铁发明者是谁、地铁的出生地在哪；有时人们像设计师，关心地铁是如何穿越江河、如何“掉头”的；有时人们又像文化学者，关心地铁线路颜色背后的故事、有轨电车的艺术长廊……

于是，城市轨道交通仿佛变成了一个个问号：这是什么？那是什么？为什么会这样？为什么会那样？……怎样才能方便又贴心地满足大家无穷无尽的好奇心和求知欲呢？“走近轨道交通科普系列丛书”就是一个不错的选择，可以帮助大家解决不少的疑问。

本套丛书共十册，分别为《你不知道的地铁历史》《你不知道的地铁设计》《你不知道的地铁建设》《你不知道的地铁运营》《你不知道的地铁文化》《你不知道的轨道交通》《走近有轨电车——趣谈篇》《走近有轨电车——设计篇》《走近有轨电车——建造篇》《走近有轨电车——运营篇》。本套丛书以地铁、有轨电车及其他轨道交通为主题进行编排，从历史、设计、建造、运营、文化等角度进行阐述，内容丰富、涉及面广，语言简洁易懂、生动有趣，不仅可以最大限度地满足读者对轨道交通知识的需求，而且还能让读者充分理解城市轨道交通建设的艰辛与不易。

本套丛书融入了编者们在这一领域多年的积累，所包含的条目都经过编者们的精心挑选和甄别，向广大读者描绘了近200年城市轨道交通的绿色发展历程。希望借此能加深读者对我国“碳达峰与碳中和”目标的理解，引导绿色低碳出行。同时，本套丛书还展现了当今城市轨道交通涉及的各种前沿技术，让读者能深刻地感受到数字化带来的科技与便利，赋能数字化实践，助力城市数字化转型。

本套丛书得到了上海市科学技术委员会科普专项项目资助，也得到了上海市城市建设设计研究总院（集团）有限公司、上海中学、上海交通大学、同济大学出版社、中铁五局集团有限公司等单位的支持，在此表示衷心的感谢！

本套丛书中的少量图片来自网络，无法联系到图片版权所有者，我们在图片下方均已标明图片来源，若有相关事宜需要处理请与我们联系。

由于编者们的工程经历及学术水平有限，书中疏漏及不当之处在所难免，敬请广大读者不吝指正。

本书编委会

2021 年 12 月

目 录

1 什么是轨道交通

作为上班族，我们每天不可避免地奔波在各种交通工具之间，其中有这么一类有一个共同特点。它们就是我们常说的“轨道交通”。

在城市，特别是大城市，上班族每天都离不开地铁、有轨电车，一些路途远的甚至还得靠城际火车通勤。你发觉没有，这些交通工具有一个特点，就是它们都在特定的轨道上行驶。那么什么是轨道交通呢?

轨道交通是指运营车辆需要在特定轨道上行驶的一类交通工具或运输系统，通常我们把这类交通方式简称“轨交”。轨交一般具有运量大、速度快、安全、准点、保护环境、节约能源和用地等特点。

以上海为例，市内轨道交通就有火车、地铁、磁浮、有轨电车等形式。虽然轨道交通的形式如此多种多样，但它们有一个共同特点，

现代有轨电车

地铁车辆

高铁车辆

那就是由专用的“轨道”来导向。这种轨道包括我们很熟悉的钢轮钢轨，也包括其他形式的“轨道”，如导轨、F 轨等。

最典型的轨道交通就是由传统火车和标准铁路所组成的铁路系统。随着火车车辆、牵引方式和铁路技术的多元化发展，轨道交通呈现出越来越多的类型，不仅遍布于长距离的陆地运输，也广泛运用于中短距离的城市公共交通中。城市轨道交通是城市公共交通的骨干，具有节能、省地、运量大、全天候、无污染（或少污染）以及安全等特点，属绿色环保交通体系，特别适用于大中城市。

2 轨道交通世界的三大家族

轨道交通历史源远流长，从最初的蒸汽火车、地下铁道到现在的高铁、自动化驾驶地铁，轨道交通得到了长足的发展，队伍也越来越壮大，那么轨道交通世界的“大家族”有哪些呢？

纵观国内外既有的轨道交通类别，国际上公认的三大家族是：火车（高铁）、地铁和有轨电车。

1）世界高铁规模之首——中国高铁

改革开放以来，中国制造发展迅猛，从国外引进到自主创新，从世界工厂到建立完备的工业体系，中国制造业的规模、国际竞争力和科技含量都有质的飞跃。

曾经落后世界潮流 30 年的中国铁路装备制造业，正在以“中国速度”震撼着整个世界。2008 年 8 月 1 日，我国第一条设计时速 350 km 的高速铁路京津城际铁路开通运营。2018 年，中国高铁里程达到 2.5 万 km，成为世界上高铁里程最长、运输密度最高，且成网运营场景最复杂的国家。

从“零的纪录”到世界高铁规模之首，中国高铁事业的发展记录了中国制造业转型升级的追梦之旅。中国高铁也已成为“中国制造”的一张亮丽名片而享誉全球。

2）世界奇迹——中国地铁

从国内来看，上海轨道交通线网规模居全国之首，线网运营里程跃居全国首位，实现了几代人为之奋斗的理想。这样的建设规模和速度，被世界地铁协会（Community of Metros，CoMET）称为“世界城市地铁建设发展的奇迹”。

上海地铁 1 号线（Shanghai Metro Line 1），是上海市境内第一条开通运营的地铁线路，于 1993 年 5 月 28 日开通试运营南段（锦江乐园站至徐家汇站），1995 年 4 月 10 日开通试运营一期工程北段（衡山路站至上海火车站站），1996 年 12 月 28 日开通试运营南延伸段一期（锦江乐园站至莘庄站），2004 年 12 月 28 日开通试运营北延伸段（上海火车站站至共富新村站），2007 年 12 月 29 日开通试运营北北延伸段（共富新村站至富锦路站）。截至 2022 年 9 月，上海地铁运营里程为 831 km，位列中国第一。

3）后起之秀——中国有轨电车

提起老上海，印象里除了数不清的小弄堂，一定还少不了铛铛车吧！不过，我国最早的有轨电车并不诞生于上海，而是诞生于北京——1899 年，由德国西门子公司修建，用于连接郊区的马家堡火车站与永定门。

有轨电车

（1）铛铛车

1921 年，北洋政府组建了北京电车公司。1924 年 12 月 18 日，北京市内第一条有轨电车开始正式运营。

（2）摩电

对于游客来说，大连有轨电车是一处打卡胜地，无论旅途如何匆忙，来大连一定要体验一下老式有轨电车。对于当地人来说，早就习惯了电车的存在，百余年来，从未变过。

老“摩电”“电动小火车”，通常是外地游客对大连有轨电车的称谓，大连当地人却不这么称呼。但是由于大连的北面人口增多，该谬称开始普及。“摩电”一词的诞生也成了谜。

根据中国城市轨道交通协会 2020 年 5 月发布的《城市轨道交通 2019 年度统计和分析报告》，截至 2019 年年底，中国共有 16 个城市、29 条有轨电车线路投入运营，运营总里程达 417.07 km。近 6 年来，中国有轨电车运营里程由 2013 年的 103 km 增长到 2019 年的 417 km，运营里程翻了 2 番，有轨电车发展迅速。

3 城市轨道交通如何分类

“你听说了吗，上海轨道交通 15 号线无人驾驶地铁线路已经开通了，全线行驶不需要司机哦！”

“嗯，听说了，据说还有超现代的车站设计，现在越来越多的城市有了轨道交通啦！”

高峰人流

“是呀，上海临港还有了磁钉智能交通呢！”

轨道交通发展迅速，种类多，你知道它们怎样分类吗？

城市轨道交通主要从以下几个方面进行分类：运输能力、空间范围、路权形式、最高运行速度以及系统制式。

（1）顾名思义，运输能力就是指单位时间内能够运输的乘客量，一般以早、晚高峰时期单向最大客流断面运输量为主。

（2）空间范围是指城市轨道交通直接服务和线路所处的城市区位和地域范围，简言之就是城市轨道交通线路能够服务的区域。

（3）路权形式意义就比较丰富了，形式也多样化，通常指在某一空间范围内不同交通方式进行交通活动的权利，就是各种交通方式行走的道路，常见的有地下、地面和高架三种。

（4）最高运行速度是指在正常运营状态下，由信号系统控制或驾驶员瞭望驾驶模式的车辆在正线上所允许运行的最高速度，即车辆正常运行时能到达的最大速度。

（5）系统制式主要是指综合反映交通方式的功能、技术参数等，如车辆长、宽、高等基本参数，车辆加速、减速性能，线路特点等。

4 城市轨道交通家族有哪些“兄弟姐妹”

俗话说得好：“人多力量大。”城市轨道交通大家族为了能更好地发挥交通运输的作用，从诞生以来，家族成员也不断丰富壮大。那么城市轨道交通家族中有哪些重要成员呢？

以《城市公共交通分类标准》（CJJ/T 114—2007）中城市轨道交通分类为基础，城市轨道交通按系统制式划分为地铁系统、市域快轨系统、轻轨系统、中低速磁浮交通系统、跨座式单轨系统、悬挂式单轨系统、自导向轨道系统、有轨电车系统、导轨式胶轮系统和电子导向胶轮系统。

UDC
中华人民共和国行业标准 CJJ
P CJJ/T 114-2007
城市公共交通分类标准
Standard for classification of urban public transportation
2007-06-13 发布 2007-10-01 实施
中华人民共和国建设部 发布

城市公共交通分类标准

1）地铁系统

地铁系统是城轨家族里当之无愧的劳模了，它勤劳且踏实，起得早，睡得晚，全年无休。人们常说，爱上地铁，爱上一座城，它的确温暖了一座城的人。

2）市域快轨系统

这个系统可谓是城轨家族里的“高富帅”了，它奔走于人口多的发达城市，它勤快、腿长，天天穿梭于中心城与卫星城，服务范围一般在 100 km 之内。而且，它的速度要远远超过市区里的普通公交。

3）轻轨系统

轻轨，就如同身轻如燕的姑娘。它是 20 世纪 70 年代发展起来的新型城市公交系统。它的优点是：运量大、噪声小、速度快、成本低、安全性高。

4）中低速磁浮交通系统

这可是名副其实的“神行太保”。它利用磁铁“同性相斥，异性相吸”的原理，摆脱了传统轮轨受摩擦力限制的影响，实现了速度的新突破，可达 200 km/h。真正上演了一出“只有你想不到，没有我做不到”的大戏。

5）跨座式单轨系统

跨座式单轨凭借其“穿楼而过”的矫健身姿而一夜走红，堪称山城重庆一道靓丽的风景线。其特点是，适应性强、噪声小、转弯半径小，能更好地适应复杂的地形。

6）悬挂式单轨系统

“雷声大，雨点小”，可谓是悬挂式单轨在中国的真实境遇，虽然很多城市跃跃欲试，但真正吃螃蟹者却寥寥无几。让我们静候国内有更多的悬挂式单轨的问世吧！

7）自导向轨道系统

城市轨道交通家族名副其实的“大姐大”就是这自导向轨道系统了，用不着司机，就可以安全行驶，妥妥的“实力派”。

8）有轨电车系统

跟地铁相比，有轨电车的特点可以用一句话概括：“麻雀虽小，五脏俱全。”作为在国内大中型城市颇受青睐的生力军，有轨电车秉着“低调奢华有内涵”的原则一步步发展着。

9）导轨式胶轮系统

导轨式胶轮即列车的车轮不再是传统的钢轮，取而代之的是橡胶车轮。其最具代表性的要属比亚迪家族的“云巴”了。在竞争激烈的轨道交通市场，“云巴”异军突起，充分展现了“个性哥”创新发展的实力。

10）电子导向胶轮系统

电子导向胶轮系统是介于常规公交和有轨电车之间的系统。它摒弃了传统轨道，在长沙、株洲、上海等地有所发展。

5 磁浮列车真的“浮”起来的吗

盘点了一下，目前拥有磁浮列车的国家还真是不多，除了亚洲的中国和日本掌握了这项技术，其余使用磁浮列车的大都是欧美发达国家。世界上第一条进行商业运营的磁浮线是我国的“上海磁浮”，该线于 2013 年 10 月 1 日正式运营。除此之外，2016 年 5 月 6 日开通运营的长沙中低速磁浮快线是服务于湖南省长沙市的一条城市轨道交通线路，是中国首条拥有完全自主知识产权的中低速磁浮线路。

磁浮列车能浮起来运用的就是磁铁“同性相斥，异性相吸”的特性，使磁铁具有抗拒地心引力的能力，即“磁性悬浮”。磁浮列车的原理是，利用强大的电磁场使列车悬浮在轨道上几厘米，从而大大降低

磁浮列车

上海磁浮交通科技馆

车身和轨道之间的摩擦力，同时利用车身和轨道之间的电磁力推动列车高速前行。因为摩擦阻力大为减小，磁浮列车的运行速度可达到现有城际列车速度的 2 倍。

除了速度快外，磁浮列车还有哪些特点呢?

由于磁浮列车与轨道的磁力使列车悬浮在空中，列车在行驶时不需要接触地面，就不存在车轮和轨道接触时会产生的噪声或振动，没有车轮磨耗，也不会在运行中产生铁粉或橡胶粉尘等空气污染，有利于环保。另外，它转弯半径小，爬坡能力大，线路适应性强，在狭窄地域，特别是建筑密集的城市建成区，有较强的线路适应能力。此外，因为列车是被“包”在轨道上运行，所以无脱轨危险，建设施工时也相对安全；采用接触轨供电方式，不会发生断网等故障，运营安全。

为了让磁浮技术更贴近生活，上海设立了磁浮交通科技馆。它位于上海磁浮列车示范运营线龙阳路站底层，于 2007 年 8 月 16 日正式开馆。其前身为上海磁浮科技展示厅，为了更好地发挥普及磁浮高科技知识的作用，扩建后的上海磁浮交通科技馆面积为 1 250 m^2，由“磁浮的诞生”“上海磁浮线”“磁浮探秘”“磁浮优势”“磁浮展望”五大展区组成。以时间为线索，讲述了磁浮的过去、现在和将来，使参观者能够在生动的展示环境中了解磁浮的科技魅力。

上海磁浮交通科技馆的建成使用，一方面满足了乘坐磁浮列车的旅客在体验完 8 min 极速魅力后对磁浮相关知识了解的需求，另一方面更为重要的是，为培养广大青少年的创新意识、拓宽市民的科学视野提供了有效技术平台，成为大家丰富科学知识、提高科学素养的科普场所。

6 过山车一样的轨道交通

“想坐过山车求刺激？不用去游乐场，乘坐重庆轨道交通就能体验。”这大概是重庆人耳熟能详的一句话了。去过重庆的朋友一定对“骑”在轨道上运行的单轨列车印象深刻，一列列轻轨列车“骑跨”在单根轨道上奔驰，犹如一条条“长龙”，时而跨江而过，时而穿山越岭，时而在繁华市区的楼宇间穿行，乘坐其中像是一场空中旅行，地面景观一览无遗。

重庆单轨

东京单轨

悉尼单轨

单轨，顾名思义，就是只有一条轨道，与常见的两根铁轨并行的一般铁道相比，其特点就是列车行驶在一条轨道上。单轨系统是一种车辆与特制轨道梁组合成一体运行的中运量轨道运输系统，其轨道梁不仅是车辆的承重结构，同时是车辆运行的导向轨道。

国外有不少城市都有单轨列车，而在我国，重庆轨道交通 2 号线则是为数不多的运行中的城市单轨线路。

重庆轨道交通 2 号线是中国西部地区第一条城市轨道交通线路，也是中国第一条跨座式单轨线路。2 号线识别色为森林绿；因其列车在李子坝站穿楼而过闻名全国。乘坐 2 号线的惊险体验度堪比坐过山车。这条轻轨线路不仅有一个近 90° 的大转弯，而且还会在行驶途中（渝中区李子坝）从普通楼房中穿过，相当魔幻。

跨座式单轨列车的爬坡能力强，转弯半径小。跨座式单轨列车多采用街道、河流上方的高架线路，车辆用的是橡胶车轮，能爬陡坡、拐急弯，线路适应性强，特别适合在山地、河谷等地形地质复杂的城市中运行，也可穿行于平原城市的繁华市中心、旅游观光线路等。

7 吊起来的轨道交通

悬挂式轻轨吊在半空中！

你可以想象列车通过一根钢轨悬挂在了半空中，而且列车的车窗也改成了大面积的观赏玻璃，车内的人可以更好地观赏车外的风景，车外的人也能清楚看到车内的情景。

轨道交通不仅能钻进地底下行走，跨坐在半空中行走，现在还能吊在空中，如此神奇的交通方式，你见过吗？据了解，悬挂式单轨列车在行驶中，既不受雨雪天气影响，也不会有脱轨的风险。列车采用欧洲最严苛的安全标准，设置有多种主被动安全装置，如全车监控系统、蓄电池救援、联挂救援等装置，保证乘客在遇到危险时能快速安全逃生。

悬挂式单轨列车又被称为“空轨”或“空中列车”，是一种轻型、中速、中运量、低成本的新型公共交通。列车设计时速 80 km，最高运行时速为 70 km，运行速度媲美地铁，是国内速度等级最高的空轨列车，载客量可达到 300～510 人。

悬挂式单轨列车的轨道都是架设在空中的，轨道梁都是钢制的，在工厂里生产好之后搬运到现场，直接埋进基坑即可，建设周期较地铁、城轨都要相对短一些。列车也可以设计成全通透式车厢，游客乘坐其中，就可观赏周围的风景。技术人员表示，还可以将其中一列车厢设计为全通透式地板，就像那种“玻璃栈道”的感觉，可以让勇敢者来挑战一下。

此外，悬挂式单轨列车也被称为“城市直升机”，它的车底距离地面 5m 以上，最高可距离地面数 10 m，根据地形情况灵活多变，可弥补城市立体交通的不足，还能与城市高架桥等基础设施建设统一规划，提高空间利用效率。

2016 年，我国首列悬挂式单轨“空铁”试验线在成都试运行，这条新能源空铁以熊猫为装饰元素，架设于 5 m 之上空中的白色轨道，呈 U 字形，全长 1.4 km。

悬挂式单轨

8 云轨是什么“鬼”

2016 年 10 月 13 日，比亚迪的跨座式单轨——“云轨”在深圳市举行了全球首发仪式。在发布当日，被外界冠以“治堵神器”的称号。那么云轨到底是什么样的呢？

云轨又称“云中轨道”，又叫“单轨铁路系统”，它是比亚迪旗下轨道交通产业的子品牌，是比亚迪跨座式单轨产品的特有名称。它的运能和地铁差不多，都是中运量城市轨道交通系统。云轨与众多轨道交通车辆最大的区别在于技术的国产化率，云轨是完全由比亚迪自主研发，核心技术源于国内。

比亚迪云轨

云轨作为中小运量的轨道交通系统，建设工期是地铁的1/3，投资额为地铁的1/5，每小时运能能达到1万～3万人。云轨除了轨旁供电外，还配备了铁电池为核心的储能系统，断电情况下续航能力3 km以上。而且，它爬坡能力强，转弯半径小，噪声低，编组灵活，最高时速可达80 km。除此之外，云轨全高架敷设，对于地面起伏较大的山区地形来说适应性很强，可从城市建筑群中穿过，能很好适应城市生态环境。2017年，比亚迪云轨在银川市投入了商业化运营。

比亚迪云轨车型采用全动车，每节车厢有2个单轴转向架，车辆可采用2～8个模块自由编组，不同模块之间通过贯通道连接。车体为整体承载结构，采用中空铝合金挤压型材拼焊而成。主要系统包括：车体结构、车门系统、车窗座椅、空调、通风系统、照明系统、广播及报警系统、转向架、牵引动力系统、制动系统、交流传动系统、故障诊断监控系统以及辅助电源系统等。

9 空中立体交通云巴

在重庆市璧山区的秀湖公园站，一列长 8.3 m、宽 2.4 m 的“云巴”稳稳地停在轨道上，乘客通过刷卡、扫描二维码等方式进站上车。

云巴是一种立体智能交通系统，填补了中小运量轨道交通运输制式的空白，具有智能、绿色、经济的特点，为城市提供一种全新出行方式，是城市公共交通的有效补充。

璧山云巴正线全长 15.4 km，设车站 15 座，均为高架车站。起点位于重庆市璧山高铁站站前广场，终点为重庆地铁 1 号线璧山站。途经当地多个城市公园，乘车时，乘客可饱览车窗外的风景。

说到这，大家肯定很好奇“云巴”是啥样的?

其实“云巴”就像一辆空中轨道上的中巴车，又萌又炫，不占用地面空间。

璧山云巴汇集了多项智慧城轨“黑科技”，搭载全自动无人驾驶系统，可实现人脸识别，乘客进出更加便捷。此外，璧山区还将依托云巴轨道打造一条“骑行＋步行”的慢行系统，形成一条城市绿廊，将公共交通的科技之美与城市发展相融合。

同作为比亚迪云家的成员，从外形看，云巴和它的兄弟云轨没有多大区别，都是在高架线路上运行，但实际上它们在技术上有许多不同。

云巴和云轨都具有转弯半径小，爬坡能力强以及无人驾驶等优点。云巴还采用了一系列智能创新技术，包括全自动驾驶、智能控制、智能调度、自动行车及自动售检票等。

云巴可以被理解成为是飞驰在高架线路上的电动大巴。云轨采用的是轨旁供电，如遇轨旁供电出现故障，则使用自备的磷酸铁锂电池应急。而云巴则不同，它和我们乘坐的新能源公交车一样，全程使用电池供电。

璧山云巴

云巴采用的是到站充电，在高架线路站台里设计有充电装置，云巴到站办理乘客上下的过程中就可以进行快速充电，保证后续的动力供给。

“云巴”是比亚迪绿色大交通解决方案的重要产品之一，作为一种全新的交通方式，属于中小运量运输系统。云巴车身轻巧，造价较低，多被规划用于机场摆渡、景区观光以及社区范围内的循环运载。

10 翻越雪山的“齿轨”列车

你见过会爬山的火车吗？瑞士雪山上爬山能力超强的齿轨让人印象深刻。

乘坐这种齿轨登山列车，不但可以欣赏到瑞士阿尔卑斯山壮丽的景色，还可以体验世上独一无二的在山体内部盘旋而上，最后直达欧洲之巅的神奇感受，堪称一段让人终生难忘的天堂火车之旅。

这种火车就叫“齿轨”。齿轨铁路是一种登山铁路，是在普通铁路轨道中间铺设一条或多条特殊的齿形轨道，在相应地运行于齿轨铁路上的机车车辆的转向架上配备一个或多个齿轮，当列车在齿轨线路上运行时，通过齿轮与齿条的啮合来传递牵引力和制动力，从而克服普通机车车辆在坡道线路黏着力不足的问题，具有较强的爬坡能力，最大运行线路坡度高达480‰。齿轨铁路主要用于山地景区旅游观光为

齿轨铁路

主的铁路客运或煤矿井下辅助设备运输铁路。齿轨铁路的轨距最窄为 750 mm，最宽为 1 435 mm，一般为 800～1 000 mm。

齿轨铁路具有以下优势。

（1）线路坡度大和地形适应能力强。一般依靠轮轨黏着力牵引的铁路最大坡度为 40‰，而齿轨铁路最大坡度可达 480‰（常用最大坡度 250‰），正线最小转弯半径为 50 m，适用于山区坡度较大的登山铁路，可以沿山区地形修建，地形适应能力强。

（2）可以与普通轮轨铁路无缝衔接。齿轨铁路可与普通轮轨铁路同站运行，并且可以修建普通铁路和齿轨铁路的混合线路，使平地铁路与山地铁路无缝对接，运量较大、换乘方便，极大地节约了旅行时间。

（3）车辆爬坡能力强。与普通轨道交通工具相比，齿轨车辆配置了较多动力设备，车辆的牵引制动能力较强，因而车辆爬坡能力强。

（4）铁路建设成本低。针对坡道较大的山区线路，齿轨铁路可缩短坡道长度、减少桥梁和隧道比例、缩短铁路建设周期以及占地较少，从而节约了建设成本。

11 超小型迷你轨道交通 APRT

你听过超小型迷你轨道交通（Advanced Personal Rapid Transit, APRT）吗？大多数人应该没有听过这种小众交通，这是一种基于快速运输的个人小型交通运输工具，又叫“mini”轨道交通。

英国伦敦希斯罗（Heathrow）机场作为欧洲三大机场之一，其基础设施设计也颇具特色，希斯罗机场的 mini 轨道交通系统是世界上首个商业化运营的系统，该线全长约 3.9 km，列车奔跑在位置偏远的 T5 航站楼和收费停车场之间，全程全自动运行。APRT 系统早在 1975 年即问世，但因技术尚未成熟，且定位不明确，导致运营及成本缺乏竞争力而不被世人所知。

最近一代的 APRT 系统由英国 Ultra Global(UG) 公司所研发，该系统集合了现代科技及材料，是小型化、轻量化，以计算机控制的无人驾驶型捷运轨道系统，运行于专用导轨上，专门用于解决“最后一公里”社区网络化的短程与转乘运输服务。车辆进出站、交叉线路换道、

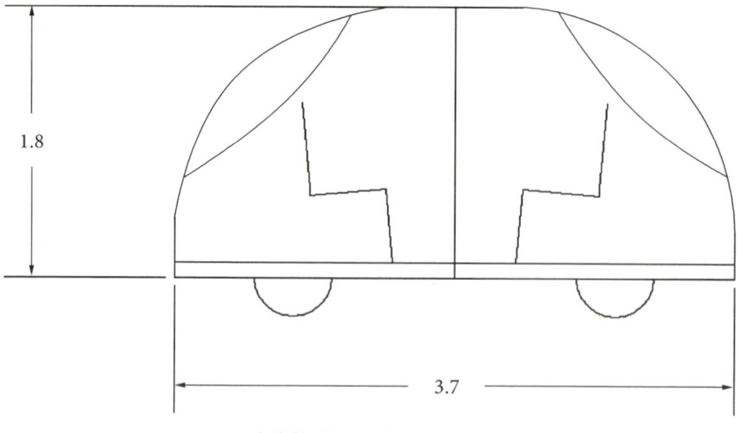

迷你轨道交通外形示意图

待避、全程运行及制动均由系统自动完成。

如此神奇的 APRT 系统，它具有哪些特点呢?

(1) 提供需求反应 (On demand)、点对点的直达服务，没有固定路径，而由系统决定最佳路径，以提升整体营运效率。

(2) 乘客不需分辨车站网络及行驶方向，只要选择目的地后即可顺利到达。

(3) 系统依乘客需求派遣车辆，在高峰时段可大幅降低空车运转率，节省营运成本。

(4) 行驶于专用路线，免除塞车问题，快速抵达目的地，平均运营速度可达 35 km/h。

(5) 中央行控加上自动导航，导轨宽仅 1.6 m，路权及净空需求低，降低对市容的影响。

其车辆参数如下表所示。

APRT 车辆主要参数

序号	项点	参数
1	空车重量（kg）	850
2	满载重量（kg）	1 300
3	车宽（m）	1.5
4	最高运行速度（km/h）	40

12 “智轨”有个兄弟叫“超轨”

“智轨”顾名思义就是智能轨道快运系统，简称智轨列车。那大家知道“超轨”是什么吗？

“超轨”就是超级虚拟轨道快运系统（Super autonomous Rail Rapid Transit，SRT）的简称，也叫虚拟轨道交通快运系统。

SRT 系统是以地面虚拟轨道导向运行的超轨列车，融合了轨道交通与常规公交的优点，集低成本、中运量、智能、环保、无噪声、便捷及建设周期短等特点于一身，是介于有轨电车与 BRT 之间的新型轨道交通系统。

随着 SRT 线路规模逐步扩大，SRT 线路运营的安全、效率和可靠性等问题也愈发突出。公共路权运行环境下非轮轨接触导向运输系统 SRT 作为一种全新的中运量城市轨道交通模式，在调度管理、智能化行车等方面缺乏关键技术，目前针对该类型导向运输系统的相关研究尚少。

因此，融合 5G、人工智能、大数据、云计算、物联网、卫星通信等现代技术，实现 SRT 列车运营的生态化、数字化、智能化和自动化，对提高智能化行车和运营管理水平至关重要，也是 SRT 车辆发展的方向。

2021 年上半年，江苏省盐城市 SRT 车辆投入试运行，成了市区街头最靓丽的风景之一；SRT 的成功通车，给这座让人打开心扉的城市系上了一条美丽的金腰带。

盐城 SRT 车辆分 4 节车厢，车身总长约 36 m，两动两拖布置，最大载客量为 320 人，最快时速为 70 km。SRT 无需敷设钢轨，通过北斗导航系统和视频导向沿虚拟轨道运行，可很好地兼容公交系统，极大降低了基建费用，投资成本性价比高。

13 “无人驾驶”的地铁

无人驾驶的出租车就要驶上街头了吗？无人驾驶领域技术和配套发展情况如何？未来出行会发生怎样的变化？人们对无人驾驶汽车技术充满好奇和疑惑。

从技术角度看，无人驾驶实际上是自动驾驶和智能服务的一个场景应用，涉及智能软硬件技术。新型车辆系统设计和生产技术、计算机视觉和其他机器学习技术、国内的交通系统发展等方面均与无人驾驶技术相关。

除了无人驾驶出租车，无人驾驶技术正在越来越多领域开花结果，比如说轨道交通行业。

上海地铁 15 号线车端

轨道交通行业一直在探索车辆自动驾驶功能，致力于实现地铁等车辆无人驾驶的运营模式。这一技术，上海很早就开始探索了。

2010 年 4 月 10 日，上海地铁 10 号线开通运营，这是上海第 11 条建成运营的地铁线路，也是国内首条采用全自动无人驾驶技术的大容量轨道交通线路。

2021 年 1 月 23 日，上海地铁 15 号线开通运营，这是上海第 17 条地铁线路。时隔 11 年，无人驾驶地铁车辆技术更加先进，人性化创新设计使得乘客乘坐更加舒适。15 号线车辆两端均无司机室，乘客可以直接在车辆两端观看车外隧道情况，充分实现视觉的自由，地铁车辆的无人驾驶技术更成熟了。

14 “仰望星空”的子弹头

丽江古城，春天的气息扑面而来。湛蓝的天幕下，河水缓缓转动着水车，清幽绵长；油纸伞、古巷、石板路散出古朴、寂静的韵味；迎春花、郁金香、山茶花在春风里摇曳，腊梅、水仙、火棘争奇斗艳，万紫千红，丽江的一切早已是春色满园关不住。

都说来丽江少不了“风花雪月”，随处可见的都是“风花雪月酒店”“风花雪月客栈”。但“风花雪月”指的是四景：下关风、上关花、苍山雪、洱海月。游人们扶老携幼，在古城怡情徜徉，惬意地享受着春节假日的团聚时光。你来，秀美的丽江会让你温暖如故；你不来，错过的将是一段静美岁月，丽江的美已在春日里绚烂。

丽江市位于云南省西北部，滇、藏、川三省交界处，自古以来便是云南入藏、川的陆地要塞，地理位置十分优越。进入 21 世纪以来，丽江一直保持较快的发展势头，尤其是生态旅游产业的蓬勃发展，推动城市功能不断丰富和提升。

丽江轨道交通线路全长约 20 km，为新建双线线路，修建标准为现代有轨电车。线路采用带接触网 + 车载储能的高地板有轨电车，最高运行速度为 70 km/h。设车站 5 座，最大站间距 11.525 km，最小站间距 1.95 km，平均站间距 5.029 km。

丽江轨道交通线路车辆车头像子弹，车身修长充满时尚感，车身采用通透性较好的大窗玻璃设计，车窗自车顶而下，站在车厢内便可以仰望天空。白天，乘客可以打开车窗，欣赏各处风景，去往各个景点；夜晚，乘客可以仰望星空，数繁星点点。这对于大多数都市人来说是很难感受到的。

15 春光灿烂里的嘉阳寸轨火车

头冒白烟、身披雾气、鸣着汽笛、扑哧扑哧地行驶在伸向远方的锃亮铁轨上的蒸汽小火车，令无数人怀旧不已。然而随着时间的推移，客运蒸汽小火车越来越少了。目前世界上唯一一个正常运行的客运蒸汽寸轨小火车就是犍（qián）为（wéi）县城里的嘉阳寸轨小火车。每天，这列开往春天的小火车都会生龙活虎地在四川南部的小县城里穿梭而过，灿烂了一地的春光。

寸轨铁路小火车曾存在于很多国家和地区，我国就有大量行驶于矿山中的寸轨小火车。它们一般是矿山里的自备运货铁路车辆，很多矿山都有轨距为 762 mm 的寸轨小火车，老百姓称之“小铁路”“小火车”，目前已存留不多。由于其轨距小，仅为普通列车轨距的一半，因

小火车

此被称为“寸轨”火车。

每天都吞吐着白色的蒸汽，
每天都响着清脆的汽笛声，
在渐渐变得多彩的山野中，
迎着一地灿烂的春光，
哼着歌曲，
载着人们驶向春天，
开往幸福！

这辆目前依然运行在四川省犍为县石溪镇的寸轨小火车，被称为“18世纪工业革命活化石”，是老式窄轨蒸汽机车。最先对这个原生态的工业革命活景观感兴趣的，是对交通史有所了解甚至有所研究的外国研究人员。《满洲铁路史》的作者，日本的三井和游览考察之后，感慨道：“这里的小火车应该是目前地球上唯一尚在正常营运的窄轨蒸汽小火车了。”

16 半车身悬空的轨道交通

世界最危险铁路：耗时 16 年建成，一半车身悬空，运行多年无事故。

人类在漫长的历史发展过程中创造过许多奇迹工程，从文明古国创造的长城和金字塔，到现在的摩天大楼和跨海大桥，人类总是用自己的智慧不断刷新着记录，今天要介绍的就是世界上最陡峭的铁路——瑞士皮拉图斯山铁路。

皮拉图斯山是瑞士阿尔卑斯山脉中的一座山峰，其风景优美，山底小小的湖泊犹如一粒粒翡翠散落在山野中，山腰上时不时会有羚羊欢快地路过，山顶的白雪在阳光的映照下闪闪发光，如此美妙的风景每年都会吸引大量的游客前往。

如此美妙的地方当然不应该受到交通的限制，瑞士政府终于在 1873 年决定让工程师里巴金负责并开始建设皮拉图斯山铁路，起点是在卢塞恩湖畔的皮拉图斯山脚下的阿尔纳斯特，全长 4.27 km。

不到 5 km 的距离对于一条铁路来说并不长，但皮拉图斯山铁路修建的难度来自山体的陡峭，短短 4.27 km 却有近 2 km 的海拔落差，这使得它全程平均坡度为 42°，最大的坡度甚至达到了 48°，如此大的坡度为铁路的建设带来了巨大的挑战。要知道在当时并没有先进的交通工具，只能依靠人力运送这些材料。经历了饱含困难的 16 年修建之后，皮拉图斯山铁路于 1889 年通车，它成为世界上坡度最大的铁路，堪称铁路修建史上的奇迹。值得一提的是，在 100 多年的运营过程中，它从未出现过一次事故。

瑞士皮拉图斯山铁路

（图片来源：http://www.bala.cc/lvyou/jingdian/2020/7490.html）

皮拉图斯山铁路车辆

（图片来源：http://www.bala.cc/lvyou/jingdian/2020/7490.html）

17 “身量苗条”的轨道交通

对于城市轨道交通而言，轨道是最常见的。轻轨系统也是一样铺设了轨道，那么它为何称为轻轨呢？

一般将城市内部运行的公共轨道交通分为轻轨（Light Rail）和重轨（Heavy Rail），它们的共同特征是都在小范围内运行（城市内部），实现了电气化。

轻轨，通常是用来形容载客量小、移动速度快的轨道交通工具。轻轨有自己的运行轨道，但不一定要与其他车辆隔离，可以在地面上行驶（如有轨电车、轻铁）。

重轨，则是我们通常所说的地铁。载客量大、高速运行、独立

常见轻轨车辆

（隔离）于其他交通工具的轨道交通。

当然，轻轨最大的特点在于“轻”字，要了解轻在哪里，咱们得先看看住建部发布的《轻轨交通设计规范》(GB/T 51263—2017)。

《轻轨交通设计规范》(GB/T 51263—2017）规定，轻轨是采用钢轮钢轨铰接车辆，线路基本采用地面独立路权或路口平交的半独立路权方式敷设，或采用高架线路，遇繁华街区及困难地段可采用地下线路的新建轻轨交通工程。在该规范中，轻轨的主要特征有四个方面：一是采用钢轮钢轨铰接车辆；二是通常以地上段和高架段为主，地下段为辅；三是允许半专有路权和平交道口，但不允许混行路权；四是定员是每车 250～300 人。

与传统地铁系统相比，轻轨车辆路权形式以高架形式为主，地下段为辅；在载客运输方面，轻轨车辆定员载客量一般不超过 300 人，而地铁车辆最大载客量一般在 2 500～3 000 人。

城市轻轨的特点在于速度快、污染小、能源损耗少、准点率高以及安全性能高等特点。轻轨和地铁一样，能较好地缓解城市的交通压力，但是相对地铁而言，轻轨车辆的载客量小很多，也正因如此，轻轨车辆相比较地铁来说要“轻”很多。

18 挂在侧面的轨道交通

对，你没看错，不是轨道上面或下面，也不是地面上，就是挂在侧面的轨道交通——侧挂式个人网络交通系统（Personal Net Transportation，PNT）。

目前国内PNT系统的主要创新点，是在传统跨座系统的基础之上，提出了新的网络运行原理，用类似互联网处理信息流的方法和技术来处理物流。即采用小型的电动舱直达运输来改变城市的公共交通模式，将干线间歇型集中运输模式改变为网络均衡型分散运输模式。

PNT系统的另一个创新点，是采用侧挂式导向轨技术，在小型化的单根轨道梁上，实现双向行驶。采用双向侧导轨，极大地降低了工程造价和空间占用率，同时提供了更强的抗侧风性能、防脱轨性能、高速行驶性能和爬坡性能，中间的轨道梁还能提供逃生通道和维修通道。

PNT车辆

（图片来源：https://mp.weixin.qq.com/s/FvkwKD0AyOw6PxnM7fTZ8Q）

PNT 车辆穿行
（图片来源：https://mp.weixin.qq.com/s/FvkwKD0AyOw6PxnM7fTZ8Q）

PNT 系统完全采用现有技术的集成，成本低、可靠性高、运力充沛，且建设周期短。PNT 系统使用直接的电力能源，节能环保的同时，在安全性、舒适性、可达性、准时性方面，均有跨越式的提升，一定程度上代表了未来智慧城市交通的发展方向。与此同时，它还兼顾了城市观光和旅游的交通市场需求，具有重要的战略性新型产业前景。

19 旧金山缆车（Cable Car）

旧金山的地标之一就是当地的铛铛车，也就是缆车（Cable Car）。Cable Car 不同于传统的交通工具，顾名思义，cable 是缆绳的意思，Cable Car 也就是由缆绳驱动的车。

由于旧金山依山而建，城市道路坡度很大，因此不需要依靠轮轨黏着，而由钢缆提供动力的 Cable Car 具有独特的优势。

首条 Cable Car 线路于 1873 年开通，并取得了巨大成功。其基本机械原理，直到近 150 年后的今天仍未改变。

旧金山 Cable Car 车辆

（图片来源：https://www.zhihu.com/question/32106922/answer/147589180）

下图是 Cable Car 的总动力室，位于旧金山市 Jackson & Mason。动力系统主要工作原理：巨大的电机带动地下的缆绳运转，然后地面

Cable Car 动力来源
（图片来源：https://www.zhihu.com/question/32106922/answer/147589180）

上的 Cable Car 则通过底盘上伸入地下，类似夹子一样的传动装置，夹住缆绳则加速，松开即减速，再配合与轨道间的制动系统来刹车。

1873 年到 1890 年间，Cable Car 约 23 条线路相继开通，成为旧金山重要的公共交通方式。

1906 年，旧金山大地震摧毁了多条 Cable Car 线路、车库和库内车辆。因此，绝大多数 Cable Car 线路被改造为有轨电车。随后在二十世纪二三十年代，由于公共汽车和无轨电车技术的进步，又有若干线路被这些交通方式取代，到 1944 年，仅存旧金山城市铁路（San Francisco Municipal Railway，Muni）和 Cal Cable 两家公司的 5 条线路仍在运营。

1951 年，Muni 的 2 条线路和 Cal Cable 的 2 条线路重新组合为 3 条线路，成为如今的 Cable Car 系统。如今，旧金山 Cable Car 已经基本失去了通勤意义，而成为游客们旅游打卡的热门选择。

20 地铁的由来

在国内说起地铁，相信没有人会对这种交通方式感到陌生。目前，我国上海、北京、广州、深圳、武汉、重庆等多个城市均开通了地铁，地铁便捷快速的形象已经深入人心了。

纵观历史，地铁作为现代城市日常出行的必备交通方式之一，伴随城市发展已经走过了近 100 多年的历史。在享受便捷生活的同时，你知道世界上第一条地铁是什么时候诞生的吗？

作为 19 世纪最伟大的发明之一，到底是怎样的机缘巧合，能使人类想到让地铁车辆驰骋在地下空间呢？

1）"由一只老鼠，到一趟列车"

地铁设计最开始的构想源于一只地下穿行的小老鼠。1823 年之前，世界上从来没有人想象过，人类的交通出行还可以深入地表。直到一个老鼠洞，打开了查尔斯·皮尔逊的脑洞。

工业革命过后，世界普遍进入蒸汽机车时代。英国出现了如伦敦这样的大城市，工厂林立，人口急增。城市的发展让大城市的交通不堪重负。

查尔斯·皮尔逊出生在英国伦敦一个工人家庭。他大学毕业后，成为一名法官。当时，伦敦交通拥挤，窄小的马路人头攒动，遇到马车通过时，更是被堵得水泄不通。这极大地影响了居民的工作和生活。为此，伦敦政府决定向市民广泛征求改善交通的意见。

查尔斯·皮尔逊偶然观察到老鼠在墙角的洞穴中交会而蹿，一个灵感闪现：为什么人类的火车不能像老鼠一样，在地表之下交互运行呢？

一石激起千层浪，查尔斯·皮尔逊投入大量精力进行了研究。1863 年 1 月 10 日随着世界上第一条地铁在伦敦建成并投入运营，查尔斯·皮尔逊的奇思妙想终于成为现实。

2）"第一条地铁诞生"

世界上第一条地铁诞生于英国伦敦。19 世纪 50 年代，伦敦的工业快速发展，人口急剧增长，城市范围迅速扩大，城市交通需求猛增。当时伦敦有多条铁路向英国各个方向辐射，这些铁路基本是沿地面铺设的，与城市道路多处交叉，造成城市交通秩序混乱，交通效率低下。

如何改善城市交通，成为从普通市民到政府官员普遍关心的问题。于是，英国政府号召社会各界献计献策。有人提出，把铁路架高，减少对城市交通的干扰；有人提出，利用已有的地面铁路为城市客运服务，为此需要缩短车站间距、改进铁路车厢等，以此适应城市客运要求。而英国律师皮尔逊则提议在地下修建专用于城市交通的铁路线，称为“地下铁道”。后来这一建议得到实施，1856 年，伦敦地铁开始修建，并于 1863 年正式投入运营，这就是世界上的第一条地铁。

地铁站

21 轨道交通车辆都是用电的吗

中国高铁网络四通八达，“乘高铁出行，游历祖国大好河山”已经成为一种时尚。各个大小城市的高铁遍布，现在足不出户，我们就能预订好需要的车票。少了排队，多了秩序，生活的列车向着美好未来不断进军！

当你站在高铁站月台上等车的时候，看着自己将要搭乘的列车从视野的尽头呼啸而来时，你是否也会好奇，是什么能量能让这样一个庞然大物风驰电掣呢？

直到列车慢慢停下，我们才发现，原来一列 8 节车厢或 16 节车厢的复兴号车顶上都有受电弓。是否是受电弓从上方的接触网受电，从而驱动列车前行呢？轨道交通车辆都是用电做动力的吗？

最早期的火车是由燃烧煤炭或木柴产生动力的蒸汽火车；后来，出现了通过烧油产生动力的内燃机车。如今，随着科技的发展以及电

蒸汽小火车

电力机车

观光小火车

力的普及，通过烧木柴和煤、油获取能量这样不利于环境保护的方法已经被淘汰，取而代之的电力火车逐渐成为主流。

电力机车就是直接通过与铁路沿线设立的电网连接（工作形式与城市中的电车差不多），外部直接向机车上的电动机供电，由电动机带动机车前进。

现在只有一些用于观光的小火车是燃油的，还有一些具有历史价值的“老古董”火车，还在使用燃烧煤炭等方式提供牵引动力。

22 神奇的供电方式

随着科学技术的发展，轨道交通车辆动力来源形式也逐渐多样化。近年来，超级电容供电、蓄电池供电、氢燃料供电等供电形式陆续涌现。新的供电方式不仅绿色环保，而且能量利用率高。

蓄电池供电是通过在车辆车顶加装储能的蓄电池包，车辆在车辆段或起终点站充满电后，在线路上通过电池包向车辆牵引系统及辅助供电系统进行供电，维持车辆正常运营。

超级电容的能量密度较蓄电池小，储存电能较少，但其具有快速充放电的特性，因此通过在车站设置充电站，利用停站时间对超级电容进行快速充电，也可以实现长距离连续运行。

蓄电池供电车辆

氢燃料电池供电属于车载供电方式的一种，它通过电解水的逆反应，将氢气、氧气等原料的化学能转化为电能，直接给有轨电车供电。

超级电容供电车辆

23 “1435”钢轨间距的来源

当我们坐在驰骋的火车上，透过车窗看向外面，3 月这个季节，春意盎然，满眼看去都是黄澄澄的油菜花，一片接着一片延伸到远处。如此心旷神怡的景色下，万物瞬间都有了活力，偶尔回头看看走过的路，不经意间铁轨闯入了我们的视线。两条钢轨平行延伸，永不相交，兢兢业业地坚守岗位是它们的本色。

看着两条钢轨不变的模样，你是否想过“钢轨轨距为何都是 1 435 mm 呢”？

轨道

公元前 55 年，古罗马的军队坐着宽 1.478 28 m（4.85 ft）的罗马战车侵入大不列颠岛，在英国的道路上到处都深深地留下了两轮间距离为 1 435 mm 的车辙。

罗马人为什么用 1.478 28 m（4.85 ft）为战车的轮距宽度呢？原因很简单，这是两匹拉战车的马屁股的宽度。当时英国人为了方便四轮马车行驶，也把马车轮制成了同样的宽度，并相沿成习。后来，英国制造出了火车，铁轨也仍采用了这个宽度。

火车的铁轨宽度被称为轨距，是从轨道内侧测得的距离。目前国际上使用最广泛的轨距就是 1 435 mm，这是国际铁路协会规定的标准轨距，世界上西欧、北美、北非等地区的许多国家，以及地处亚洲的我们中国，都是采用这样的一个轨距。

24 揭开轨距的神秘面纱

提到轨距，可能大多数人想到的都是两轨之间的距离，既然是距离，有何神秘的地方呢？

轨距即轨道宽度，一般有宽轨、标准轨道、窄轨（包括米轨和寸轨）。国际铁路协会在 1937 年规定，1 435 mm 为标准轨距，通常比标轨宽的称为宽轨，比标轨窄的称为窄轨。一般窄轨适用于山路，而宽轨铁路高速稳定性更好。此外，还有米轨和寸轨：前者一般轨距为 1 m（1 000 mm）；后者一般是轨距小于 1 000 mm。

如下图所示，以右侧为准，图中铁轨自左向右依次为标准轨、米轨和窄轨。

轨距示意图

不同轨距

25 地铁站台一般有多长呢

每当早、晚高峰时，上班人流涌向地铁站台。为了离地铁列车更近点，我们总是会不由自主地想，要是站台再长点就好了，说不定就能赶上刚刚驶去的那班车呢！

地铁站台

其实地铁每个站台的长度是跟进站的车辆长度息息相关的，地铁车辆越长，站台的长度相应也更长。那地铁站台一般多长呢？地铁列车的长度可以靠改变编组来随时变化，高度差别不大（因为人的身高都差不多）。地铁的每节车辆一旦成型，宽度就无法改变。按照国际标准，城市轨道交通地铁车辆可分为 A，B，C 三种型号，分别对应 3 m、2.8 m、2.6 m 的车辆宽度。

地铁车辆长度跟 A，B，C 三种型号有关系，因为类别高，线路标准相对稍高，此时车辆增长也是可以的。一般而言，选用 A 型或 B 型列车的轨道交通线路多采用 5～8 节编组，A 型车辆每节车一般在 21～24 m，B 型车辆每节车一般在 19～21 m；选用 C 型列车的轨道交通线路多采用 2～4 节编组，C 型车辆每节车一般在 15～19 m。

地铁车辆的车型和编组决定了车轴重量和站台长度。上海轨道交通 3 号线采用 6 节编组 A 型列车，有 90% 的线路都是在高架上；上海轨道交通 6 号线采用 4 节编组 C 型列车，有 70% 的线路都是在隧道内。A 型车是目前最高端的城市轨道交通列车。其特点是车体宽和编组大，A 型车宽度为 3 m。上海轨道交通 10 号线采用的阿尔斯通 Metroplis 地铁列车宽度达到 3.2 m。6 节编组 A 型地铁列车最大载客量约 2 500 人，上海轨道交通 1、2 号线的阿尔斯通和西门子 8 节编组 A 型地铁列车最大载客量约 3 300 人。B 型车和 C 型车的造价和技术含量要小于 A 型车。

26 一列地铁有多少个轮子

车轮是人类在搬运东西的劳动实践中发明并逐渐完善的。在原始社会，人类祖先以采集和打猎为生，开始时，获取的食物有限，轻而易举地就能随身带回来。慢慢的，东西多了，搬运起来越来越费劲。于是，有人就想出了办法，从地上拣了几根折断的粗树枝，用藤蔓将它们连接在一起，然后把猎物放在上面，双手抓住两根长树枝拖着走，这比用肩扛、用背驮轻快多了。也有人想到用一根木棒，一端扛在肩上，另一端置于地上，把重物吊在木棍中间拉着走，这也比用手搬运省力。还有人把两根棍并排起来，中间系一块布，双手持两棍端，另一端在地上拖着走。这些就是人类最初发明的“轻撬”，它的特点是借助滑杆在地上滑动而拖动重物。

地铁车轮

轮对

众所周知，车是靠车轮带动起来前进的。摩托车一般有 2 个轮子，小轿车有 4 个轮子，大型重型卡车的轮子更多。汽车车轮的作用是：承受全车质量并传递牵引力、制动力、驱动力矩、制动力矩；缓和、吸收由于路面不平所产生的冲击和振动；提高车轮与地面的附着性能。那么大家有没有想过，每天通勤的地铁列车，到底有多少个轮子呢？

要回答这个问题，我们首先得了解什么是“轮对”？

轮对由一根车轴和 2 个相同的车轮结合在一起。它介于轨道和车辆之间，2 个轮对加上构架就构成了转向架。转向架位于车体下方，主要起到支撑起车辆和乘客的重量，使车辆可以在钢轨上平稳运行的作用。既然 1 节地铁车厢有 2 个转向架，1 个转向架有 2 个轮对，1 个轮对有 2 个轮子，那么有兴趣的你可以算算，一列 8 节编组地铁列车有多少个轮子呢？

答案是：$8\times2\times2\times2=64$（个）！

27 地铁都是在地下运行的吗

来过上海旅游的人都知道，上海地铁 2 号线是很适合游玩的一条地铁线路。游客从虹桥火车站或浦东国际机场乘坐 2 号线出发，沿线都会经过最具历史底蕴的南京东路、外滩区域，以及独具现代特色的陆家嘴金融中心。

坐着地铁去饱览了这些美景，或许细心的你会发现，地铁似乎一直都在地下运行着，不由心生疑问："地铁难道都是在地下行驶？"

那地铁都是在地下运行的吗？当然不是这样。

是否有运行在地面上的地铁呢？当然有！

隧道内运行

随着时间的推移和科学技术的进步，同时结合城市实际情况的需求，地铁的形式也日趋多样化。地铁可以根据地形的变化而灵活变更运行轨道，有的建在地面，有的驶入地下，有的建成高架。地铁系统适用于大城市城区中客流需求较大的骨干线路，采用全封闭线路、专用轨道、专用信号、独立运营，线路通常设在地下隧道内，有时也延伸到地面或设在高架桥上。例如：上海地铁 16 号线多为高架运行；北京地铁燕房线全线高架运行；上海地铁 2 号线多为地下运行，但浦东机场站为地面站，在地面上运行。

地面运行的浦江线

28 穿楼而过的轻轨站

毛主席有诗曰：

“暮色苍茫看劲松，乱云飞渡仍从容。

天生一个仙人洞，无限风光在险峰。”

美景总是与险和独特伴随着，独一无二的，别具匠心的自然也是美的。我国轨道交通就有个这样别致的美景。当轨道交通和居民楼合二为一是怎样的场景呢？“一抬头，只见半空中一辆轻轨从一栋楼房中飞驰而过……”这就是重庆李子坝站经常被看到的真实景象。

重庆轨道交通 2 号线李子坝车站是国内第一座与商住楼共建共存的跨座式单轨高架车站，于 2004 年 3 月建成，占地面积 3 100 m^2，建

重庆李子坝车站

车辆穿楼而过

筑面积 6 000 m^2。该站位于嘉陵江畔的李子坝正街 39 号商住楼 6～7 层，因其“空中列车穿楼而过”成为蜚声中外的“网红车站”。神奇的是，轨道站上面还有不少住户。

让人好奇的是：李子坝站是先有楼房还是先有轻轨？

故事要从 1998 年说起。那时，作为重庆修建的第一条轻轨，轻轨 2 号线线路规划在李子坝建站，与此同时，在李子坝相同地点，一栋居民楼建造计划已敲定。一道难题摆在轨道交通公司和房屋建筑公司面前，究竟是车让楼还是楼让车？经讨论再三，两个公司决定，楼和轻轨同时建。这是一项在全国都没有先例的“穿越”设计。历时 2 年，才最终确定设计方案。

29 地铁列车为什么这么多车门

地铁作为现代都市生活中重要的交通工具，越来越贴近人们的生活，尤其是上班族，每天都需要接触到地铁，细心的人会发现，每个城市每条线路的地铁都有不同之处。比如说地铁列车的车门，有不同的样式和特征。国家标准 A 型车每节有 5 对门，B 型车每节有 4 对门。地铁一般 6～8 节编组，一列常见的 A 型车车门多达 60～80 个，地铁车门因其数量多、操作频繁（运行中平均每 2 min 就须开关门 1 次）而成为地铁至关重要的部件。

地铁列车车门

与高铁相比，这是一个很重要的区别。首先，地铁列车，你挤上去，可能站一会儿就下了；而高铁列车，大部分乘客是坐着的，一坐下可能几个小时。其次，地铁列车虽然空间比高铁列车要小，但是能容纳的乘客往往更多。这两点使得地铁列车每站上下车的乘客，比起高铁列车来说要多；或者换句话说，地铁列车的车门使用需求更大 。

因而，在同为地铁列车的情况下，尺寸更大的 A 型列车，车门的需求也就更多。如果 A 型车和 B 型车一样是 4 对车门，那么 A 型车的乘客下车会比 B 型车的要困难——这意味着列车停站时间加长，而且可能会有很多乘客拥挤而无法上下车。

地铁是城市短途交通工具，通过增加车门的数量，可以提高客流速度，满足在短时间内乘客上下车的需求。

车门是地铁车辆的重要组成部分，在运行中被频繁地使用 (运行中平均每 2 min 分钟就须开关门 1 次)。

人们乘坐地铁，必须通过车门到达客室。列车在站台每一次乘降，都需要开关车门，不能有一点失误。列车在区间运行时，能保证乘客安全的还是车门。如果在区间运行时，列车车门突然打开，会对乘客带来极大的危害。

30 机场里的轨道交通

目前国内、国外机场比较流行的轨道交通就是自动旅客捷运系统（Automated People Mover System，APM），又可以称作自动导轨快捷运输系统。

APM 系统是一种无人自动驾驶、立体交叉的大众运输系统，是城市轨道交通线路制式的一种，集合了多种传统城市轨道交通工具的特点，其主要特征是列车的微型化。

APM 单轨列车不同于常规的地铁、磁浮等交通运输系统，它通过中央导向轮引导橡胶轮胎行驶在混凝土专道上。APM 单轨列车适用于中等客运量、短距离穿梭运行，具有噪声低、振动小及高效灵敏

APM 车辆

的特点。

中国首个 APM 系统是北京首都国际机场旅客捷运，该系统主要服务于 3 号航站楼国际及港澳台进出港旅客。广州地铁 APM 线是国内首条真正实现无人驾驶自动运行的轨道交通线路，在设计上大量采用了新系统、新技术、新材料，并在管理模式上第一次提出了车站无人值守的新理念。

除了 APM 这种主流形式外，上海浦东国际机场旅客捷运系统是中国首个采用无人驾驶的钢轮钢轨制式的机场空侧捷运系统。

2019 年 9 月 16 日，全球最大的单体卫星厅、全球首个采用城市轨道交通钢轮钢轨制式的机场空侧捷运系统正式在浦东机场启用。上海浦东国际机场旅客捷运系统，连接 T1、T2 两座航站楼与 S1 和 S2 两座卫星厅，线路全长 7.23 km，采用双线穿梭运行模式，满足航班高峰时段运行需求，适应浦东国际机场 24 h 全天候运行需求。该系统包含 5 座车站，1 座车辆基地和 1 个控制中心，采用无人驾驶的钢轮钢轨模式，配属 7 列 4 节编组标准 A 型车，最高运行速度为 80 km/h。

31 轨道交通竟然还有“三轨”和“四轨”

我们印象中的城市轨道交通都是两条轨道。那么，业内人士口中的“三轨”“四轨”是指什么呢？难道真有三条或四条轨道吗？

错了！这里的“三轨”“四轨”，是指地铁系统的供电轨，一般都是两条，一条正极，一条负极。

除了两轨供电外，轨道交通还有三轨供电和四轨供电。简称“三轨”和“四轨”。

三轨供电就是利用列车运行的轨道旁的轨道进行供电。第三条钢轨作为直流供电电路的正极，两根走行轨作为负极。第三轨供电主要有上

传统两轨供电

接触式和侧接触式，美国地铁大都采用上接触式，取流靴从上压向第三轨轨头，第三轨顶面受流。国内北京地铁也采用此受流方式。侧接触式就是第三轨轨头端面朝向走行轨，取流靴从侧面受流，跨座式独轨车辆就采用侧面接触式取流，其取流靴装在转向架下部。国内的重庆轻轨以及广州地铁 4 号线采用此受流方式，欧洲国家也比较青睐此受流方式。

典型四轨系统是在三轨系统的基础上发展起来的，在三轨供电的基础上多了一根回流轨。牵引轨和回流轨采用相同类型的钢铝复合轨，牵引轨负责向车辆不间断地提供电能，回流轨与变电所负极柜相连，形成一个完整供电的回路。四轨比起三轨多出一轨。不仅建设时需要额外的成本，开通后的维修也带来额外的费用，显然三轨系统较为经济。

32 有一种电车只有一根轨道

有一种电车只有一根轨道，是不是很神奇？它就是胶轮导轨有轨电车。

目前国内上海和天津都开通了胶轮导轨有轨电车线路。

与传统的双轨电车——“铛铛车”相比较，上海张江有轨电车采用单轨导向技术，不同于传统有轨电车或地铁有两根钢轨。它选用的是世界上先进的法国劳尔有轨电车系统，为低地板、轨道导向、胶轮承重和驱动、750 V 直流供电，3 节车厢编组，总载客量约 167 人 / 列，最高时速可达 70 km，全线共配置 10 列运营车辆。胶轮导轨车辆车轴靠转向和 V 形导轮导向。导向装置沿铁轨运行，给车轴导向。导向系统只承担导向操作所需要的动力。由于滚轴的倾斜和导轮边缘的特殊形状，保证系统在正常运行模式下不会脱轨。

V 形导轮导向系统

钢轮钢轨导向

胶轮导向

法国劳尔电车流线型的车身非常时尚，2 个 V 字形的导轮从两侧夹住导轨，使车辆稳稳地驶在唯一的轨道上，既安全又降噪。劳尔电车系统可靠安全，车辆采用“橡胶轮胎车辆 + 导向轨道”技术，电车的风挡玻璃和侧向玻璃都由 3 层安全玻璃组成，绝对抗压。劳尔电车系统噪声低，据测量，在车辆 7.5 m 处的噪声为 71 dB，大大低于普通公交车 80 dB 的声控要求。

33 地上画根线就能当轨道

对于关注轨道交通的小伙伴们来说，地铁、轻轨、快速公交系统(Bus Rapid Transit，BRT）都坐过或者听说过吧？现在，有了一个新鲜玩意——智能轨道列车（Autonomous Rail Rapid Transit，ART）。

听说它不需要建造专有钢轨，地上画根线就能当轨道，就像公交车一样灵活穿行在城市道路之间，承担客运任务。

ART 列车采用胶轮承重，不需要单独铺设轨道，可与其他车辆共享路权，又有运量大的优势。30 多米长的列车，没有轨道跑在路上，如何保证它在城市道路中安全运行呢？

智轨车辆

株洲智轨车辆

这就得靠中车株洲自主研发的“虚拟轨道跟随控制”技术了。列车系统能够主动识别地面标记，防止偏航，同时车身周围还装有各种传感器，防止剐蹭和碰撞。看似无轨，实则有轨。简单来说就是通过车上的传感器来识别路面标记，跟着虚拟轨道行进。这个技术不仅实现了最简单的自动驾驶，还能够根据路面情况和指挥中心调度，主动偏离轨道避开拥堵路段。ART 列车还具有轻轨、地铁等轨道列车的零排放、无污染的特性，并支持多种供电方式。同时，ART 列车不用铺设单独的轨道，只需要在现有路面做些地面传感器和标记，即可直接在路面上穿梭，最直接的好处就是建设周期、造价和成本大大缩小。

34 磁浮列车到底有没有辐射呢

站在玻璃前的阳光中，在沐浴阳光的时候感叹生命。

玻璃晶莹剔透，既纯洁又美好，阳光金光灿烂，既温暖又舒适。

美好的背后也有阴冷的一面，再纯洁、再美好的玻璃在接触窗框的边缘也难免会有缝隙。事物就是这样，永远彰显着其两面性。

轨道交通有时候也是把双刃剑，就拿磁浮列车来说，在享受其高速行驶的便捷时，很多人都担心磁浮列车的辐射问题，那磁浮列车到底有没有辐射呢？当然是有的，但对人体不会产生危害。人类本身就生活在一个巨大的电磁场里，电磁辐射无所不在，所以电磁辐射并没有想象中的那么可怕。电磁辐射只有超过一定的数值时，才会对人的

长沙中低速磁悬浮车辆

身体产生不良影响。

电场和磁场的交互变化产生的电磁波向空中发射或泄露的现象，叫电磁辐射。任何带电体都会产生电磁辐射。电磁辐射和电磁辐射污染是两个概念，任何带电体都有电磁辐射，当电磁辐射强度超过国家标准时，就会产生负面效应，对人造成不同程度的危害，这部分超过标准的电磁场强度的辐射叫电磁辐射污染。

中国磁浮技术首席科学家、国防科技大学教授常文森指出："磁浮列车的运行原理是利用电磁力抵消地球引力，通过自动控制手段使车体与轨道之间始终保持约为 1 cm 的间隙。磁力集中在这 1 cm 的空间里，一旦离开这个空间，磁力就恢复到与地磁场差不多的水平，不会对乘客和周边居民造成损害。"

据国内外权威机构的检测报告，在靠近磁浮列车车身处，其电磁辐射强度低于彩色电视、电吹风、电磁炉等普通家用电器。磁浮线路轨道 3 cm 处的电磁辐射已经与大地磁场水平基本一致。

电器	音响	电冰箱	空调	电视机	洗衣机
电磁辐射量	20 mG	20 mG	20 mG	20 mG	30 mG
电器	电饭锅	复印机	吹风机	手机	电脑
电磁辐射量	40 mG	40 mG	70 mG	100 mG	100 mG

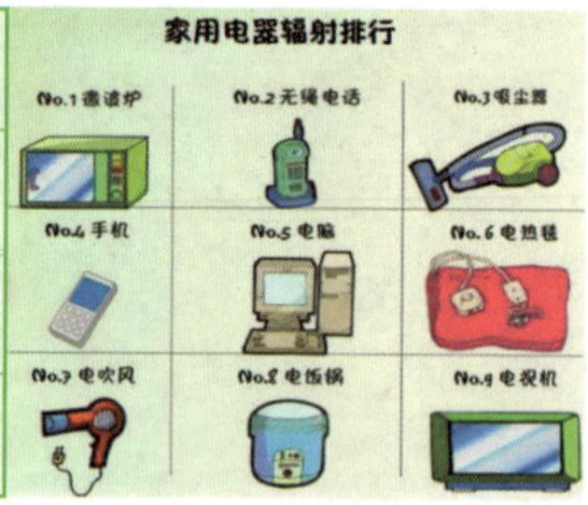

常用家用电器辐射排名

35 轨道交通的大腕“明星”

相信很多人都追过星，无论是体坛明星、还是电影大咖、歌星。追星其实是你在追自己，你其实是在为自己设计一个理想的人设状态，你想成为什么样的人，你追来追去，追的是自己的影子。因为我们每一个人都活在现实的世界里，而现实并不那么完美，你不可能做到如愿以偿，不可能做到有求必应。追星的样子，其实就是我想要的样子，但最终都会投射到自己身上，你是希望自己未来，能够像他一样优秀，像他一样成功。

今天我们不妨来轨道交通大世界里追星！

我们介绍的是轨道交通一个大牌明星。可能你已经猜到了，对！就是“复兴号”！

“复兴号”中国标准动车组设有智能化感知系统，并建有强大的安全监测系统，全车部署了 2 500 余项监测点，能够对走行部状态、轴承温度、冷却系统温度、制动系统状态及客室环境等进行全方位实时监测。

除此之外，它还增设碰撞吸能装置，以提高动车组被动防护能力。为适应中国地域广阔、环境复杂（-40～+40）、长距离、高强度运行的需求，“复兴号”中国标准动车组按最高等级（设计寿命 30 年或 1 500 万 km）考核动车组主要结构部件，整车进行 60 万 km 运用考核（欧洲一般 40 万 km）。

“复兴号”不仅让“中国速度”再一次为世人瞩目，更因“中国标准”令国人备感自豪。作为具有完全自主知识产权、达到世界先进水平的中国标准动车组，“复兴号”在京沪高铁时速可达 400 km 以上，研制过程中的 254 项标准中，“中国标准”占 84%。从“中国制造”到“中国标准”，从跟跑到超越，中国高铁这张“国家名片”愈发熠熠生辉。不得不说，这是今天轨道交通领域最大牌的“明星”了！

36 谁是轨道交通的“飙车”冠军

在效率为王、速度至上的当今世界，你知道谁是轨道交通的“飙车”冠军吗？

首先我们来看看“世界上十大最快的列车”。

（1）中国南车制造的CIT500型列车，试验速度达到了605 km/h，打破了法国高速列车TGV在2007年4月3日创造的574.8 km/h的世界纪录，是目前世界上最快的列车。

（2）日本超导磁浮列车，载人行驶速度达到了590 km/h。

（3）法国高速列车TGV，2007年4月3日，法国高速列车TGV在从巴黎到斯特拉斯堡东线铁路上以574.8 km/h的运行速度创造了有轨列车最高时速新的世界纪录，位列世界最快的火车排名第三。

“有速度车辆”

（4）中国上海磁浮列车，速度为 501 km/h。是目前中国最快的高铁，也是世界第一条商业运营的高架磁浮专线。

（5）意大利 AGV Italo，采用了法国阿尔斯通公司技术，最高运行速度为 574 km/h，运营速度为 360 km/h，被欧洲称为“法拉利高铁”。

（6）中国和谐号 380A，最高试验运行速度为 486 km/h，最高时速为 380 km。

（7）西班牙高铁 Talgo，时速为 350 km。

（8）日本新干线，时速为 322 km，是全世界第一条投入商业营运的高速铁路系统。

（9）德国 ICE3，时速为 320 km，该列车由西门子和庞巴迪公司共同开发。

（10）法国高铁 Alstom Euroduplex，时速为 319 km，是世界上唯一的双层高速列车。

由此可知，中国的 CIT500 型高铁是当之无愧轨道交通的“飙车”冠军。

37 “欧洲小镇”中的“单线”小火车

提到欧洲小镇，大家首先想到的是什么呢？是依山畔湖小镇景色，风景极为优美的绿植，教堂倒影于湖中，非常醒目的指路牌，每家每户的独有特色的建筑……欧洲小镇一般景色清新脱俗，多数保留着历史的痕迹，如中世纪城市风貌，历史文化遗产丰富、建筑风格多样。小镇里名胜古迹众多，混合了哥特式、巴洛克式及文艺复兴等多种建筑风格，石桥、古堡、白墙红瓦的老城建筑是最为主要的特色。

“特色小镇”现在已成为城市化的一种模式。“特色小镇”解决的不仅是一个镇的问题，而是一个系统性的，包括大量的产业、人口乃至公共的福利资源向小镇转移的趋势。当特色小镇在国内备受推崇并如火如荼建设的时候，从事城市规划和交通建设相关工作的人们自然都能联想到轨道交通，但由于特色小镇规模小、出行距离短等原因一直与轨道交通无缘，但真就没有结合的可能性了吗？你要的答案在东莞华为松山湖园区得以呈现。

走进松山湖——华为欧洲小镇园区，一切会带给你不一样的惊喜和感受。

华为松山湖小火车项目，由传统的中国红复古有轨电车和充满诗情画意的欧洲风情小镇组成。华为松山湖有轨电车不仅“颜值”高，科技含量也很高。该车创造性地使用世界最大容量的 12 000 F 超级电容作为牵引动力源，30 s 内就能完成充电，循环寿命超 100 万次，实现了大容量快速充电技术的成功运用。当车辆驶入或离开车站站台时，车辆车底感应天线会经过提前设置好位置的地面天线，并相互感应发出充电信号或停电信号至充电装置，同步启动充、断电功能。

华为松山湖有轨电车是全球首款针对经典建筑群、绿色生态高科技工业园区定制的超级电容储能式轻轨车辆，开通后主要服务于华为技术公司终端设备研发园区——东莞松山湖总部基地的员工通勤以及重要客户、合作伙伴的园区参观与商务洽谈。有轨电车工程全线总长度约为 5.6 km，共设车站 16 座，平均站间距约 0.35 km，车站全部为地面站。全线共设车辆段 1 座，停车场 1 座。

华为松山湖有轨电车穿梭于各建筑地块内，为缓解因线路造成的空间隔离，除部分没有行人穿越的区间以外均采用单线运行方式，通过端部的环线来掉头，成为国内首个单线运行的现代有轨电车园区线路。

华为松山湖有轨电车

38 轨道交通“三明治”

三明治（Sandwich）是一种典型的西方食品，以两片面包夹几片肉和奶酪、炼乳等各种调料制作而成，吃法简便，广泛流行于西方各国。

Sandwich 本来是英国东南部一个不出名的小镇，镇上有一位名叫 John Montagu 的居民，他是个酷爱玩纸牌的人，他整天沉溺于纸牌游戏中，已经到了废寝忘食的地步。仆人很难侍候他的饮食，便将一些菜肴、鸡蛋和腊肠夹在两片面包之间，让他边玩牌边吃饭。没想到 Montagu 见了这种食品大喜，并随口就把它称作“Sandwich”，以后饿了就喊：“拿 Sandwich 来！”其他赌徒也争相仿效，玩牌时都吃起 Sandwich 来。不久，Sandwich 就传遍了英伦三岛，并传到了欧洲大陆，后来又传到了美国。

如今的 Sandwich 已不再像当初那样品种单一，它已经发展了许

成都有轨电车

多新品种。例如，有夹鸡或火鸡肉片、咸肉、莴苣、番茄的“夜总会Sandwich”，有夹咸牛肉、瑞士奶酪、泡菜并用俄式浇头盖在黑面包片上的“劳本Sandwich”，有夹鱼酱、黄瓜、水芹菜、西红柿的“饮茶专用Sandwich”，等等。在法国，制作Sandwich时往往已不用面包片，而是改用面包卷或面卷。除此以外，以法国长棍制成的Sandwich还被称为“潜艇包”。

由此可见，三明治不仅内容丰富，美味可口，饱腹感也很犀利啊！轨道交通世界里也有这样的“三明治”哦。

成都西客站“三明治”

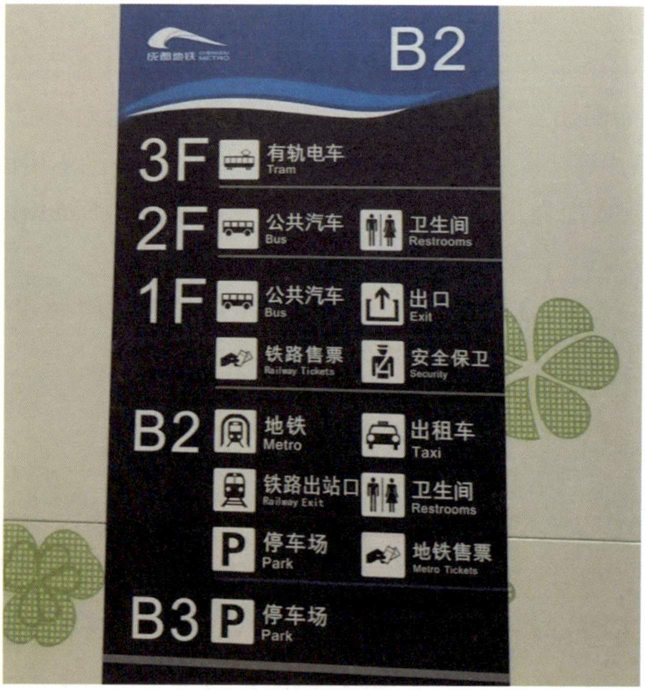

成都西客站有轨电车

成都有轨电车蓉 2 号线工程全长约 39 km，设“一段两场”，其中西客站停车场功能极其复杂。西客站停车场由 3 层地下室、3 层裙房及两栋 13 层综合办公塔楼组成；主要功能包含综合办公、公交枢纽、有轨电车停车场、有轨电车车站及公共交通换乘中心等。其中公共交通换乘大厅将火车西站、有轨电车车站、公交枢纽、火车西站广场地下枢纽和地铁等公共交通串联在一起。

西客站枢纽堪称轨道交通领域的“三明治”，不仅层层叠叠，内容丰富，而且极大地节省了空间，方便了乘客。

39 探究“数字轨道”的秘密

想必大家都听过数字人民币吧！数字人民币（Digital RMB），是由中国人民银行发行的数字形式法定货币，由指定运营机构参与运营并向公众兑换，以广义账户体系为基础，支持银行账户松耦合功能，与纸钞硬币等价，具有价值特征和法偿性，支持可控匿名。

那大家听说过数字轨道吗？在“第十五届上海国际轨道交通展览会”上，全球首列数轨列车亮相展会。这列由中车浦镇公司研制的数字轨道胶轮电车（Digital-rail Rapid Transit），简称 DRT。它是在传统低地板有轨电车基础上重新改进设计的。车辆运行采用以电磁标记为主，视觉导航和卫星导航为辅的数字化轨道导向方式。车辆通过车载传感器读取道路路面上连续铺设的磁钉编码信息，可实时准确定位车辆，并控制各个车轮按线路走向转动。

DRT 主要有以下特点。

（1）数轨列车采用 3 辆编组，总长 30.5 m，车辆最高运行速度为 70 km/h，最大载客量 302 人。采用低地板设计，车门入口地板面距地面高度 330 mm。

（2）数轨列车所使用的磁钉轨道成本低、可靠性高、免维护，且不受天气环境影响。车辆可实现限速控制、障碍物报警、车身姿态矫

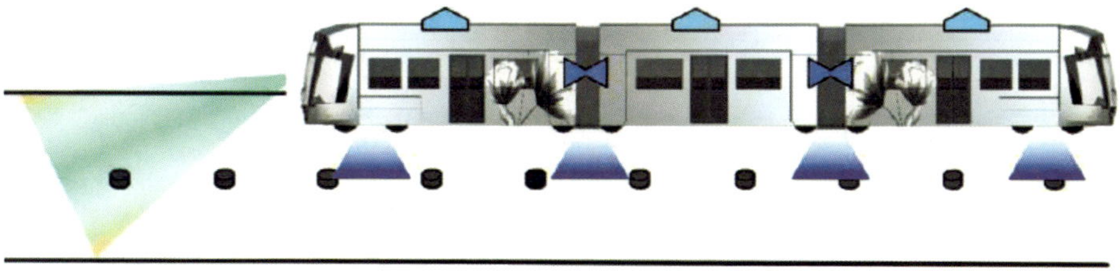

车辆按磁钉导向行驶

正等多种安全防护功能，同时为司机提供目标速度、自动报站、车道偏移等多种辅助驾驶信息。

（3）列车采用大容量锂离子超级电容储能供电，车辆续航能力极高且充电速度快。线路沿线无需设置供电系统，供电成本大幅降低。

（4）列车采用小轴重设计，车辆各系统设备采用轻量化设计，满足路面道路车辆的轴重标准，无需对既有公路路面进行改造。磁钉导向的胶轮低地板列车适用于城市既有道路上行驶，无需对现有马路进行大规模改造，这将大大降低城市交通的建设成本。

40 轨道车辆的“胖子”与“瘦子”

西汉时期，赵飞燕体似芊燕，苗条，细小，能掌中舞深得皇帝喜爱。成语“环肥燕瘦”正是源于此。

“长壮皎洁有法相者，因载入宫”这是汉朝时采选宫女的标准。其中，长指身高要高，壮意为体型饱满。

汉代文学家汉·王粲在《七释》里用“丰肤曼肌，弱骨纤形”八个字诠释了美人体态。

到了唐朝，人们丰衣足食，文化高度开放兼容，此时，“丰腴圆润、柔软可爱”的女性较受欢迎，代表人物就是古代四大美女之一的杨玉环。

要说以瘦为美开始盛行的话，那就是宋了。这一时期以纤弱女子为美，越瘦弱越让人喜欢，李清照、李师师就是典范——婉约秀气的病态美、忧郁的气质女子深得人们喜爱。

明清时期，人们对审美从头到脚都流露着孱弱的病态之美。林黛玉闲静时如姣花照水，行动处似弱柳扶风。以至于贾探春、王熙凤、晴雯等人莫不如是。可见苗条是古代女孩子的共同追求。

而现在“A4 腰，反手摸肚脐，锁骨放硬币，灰姑娘体重……”各种宣扬“以瘦为美”的报道层出不穷，甚至每一个新词的出现都能在互联网上掀起一波全民狂欢的风浪。在越来越苛刻的世界里，体重超过 50 kg 就是女性的原罪，45 kg 往下的排骨架子才应该是女性共同的理想追求。“瘦”成了笼罩在当代女性头顶的魔咒。减肥，也成了当代女性为之奋斗终生的重要事业。

人有胖瘦之分，可是你知道吗，轨道车辆也是有胖瘦之分的。

上海地铁最宽的 A 型地铁宽度可达到 3.2 m，是名副其实的“大胖子”，A 型车每节列车最大载客量为 310 人。上海的 A 型车还分为两种：架空线的（接触网）和第三轨供电的，车型有 6 节编组的，也有 8 节编组的。

这样的设计可以满足上海市民的出行需求，毕竟作为一个拥有两千多万人口的大城市，地铁线路的建造是必然，这也是上海未来在国际上产生深刻影响力必备的交通资源。

有胖子那一定也有瘦子喽？当然有啦！

最窄的轨道车辆应该属有轨电车，它最常见宽度为 2.65 m，个别车辆宽度为 2.4 m。传统有轨电车仅采用钢轮钢轨，而现代有轨电车还引入了橡胶轮与导向轨技术，增加了胶轮导轨的制式。现代有轨电车具有节能、环保、运能较大、造价较低及适应性较强等诸多特点，所以有轨电车不只是苗条，还具有很大的应用市场呢！

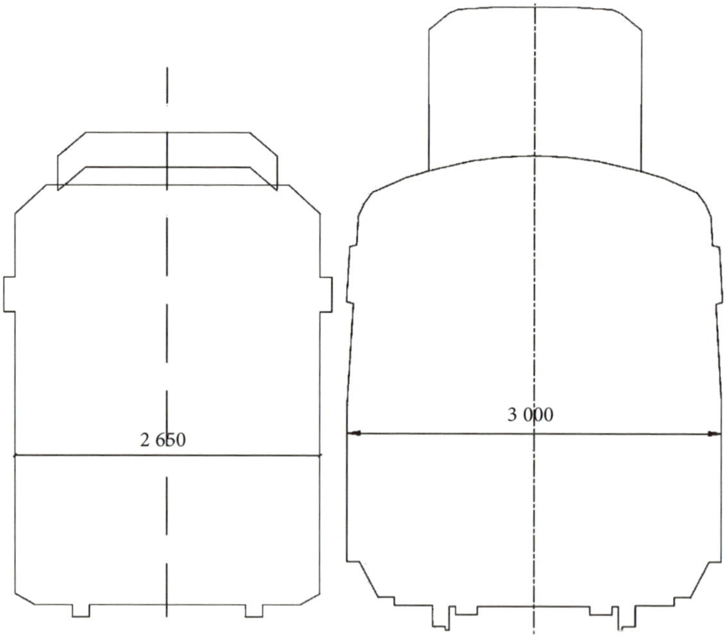

“瘦子”（左）和“胖子”（右）

41 单轨是如何“换道”的

轨道交通车辆在行驶过程中，方向不断变化，用“翻山越岭，上天入地”来形容也不为过。让人好奇的是，单轨是如何进行“换道”的呢？说到轨道车辆换道，我们不得不提的一个东西就是“道岔”。

不同于汽车换道，只需要打转向灯，转动方向盘就行，单轨换道就需要单轨道岔来帮忙。单轨道岔是引导列车由一条线路转向另一条线路的设备，有了道岔就可以充分发挥线路的通过能力，单轨列车就靠它来变换轨道。

跨座式单轨道岔

我们以跨座式单轨为例来说。跨座式单轨，顾名思义，就是通过车辆跨坐在单根轨道上稳定运行和导向的一种轨道交通方式，车体采用橡胶轮胎，跨坐在轨道梁上运行。跨座式单轨的特点是适应性强、噪声低、转弯半径小、爬坡能力强，能更好地适应复杂的地形地貌环境。

道岔设备应用于铁路和城市轨道交通，其功能是要实现列车转换轨道，其道岔结构梁尺寸与轨道线路一致。跨座式单轨道岔的功能与铁路道岔一样，是为实现列车从一条单轨线路转入另一条单轨线路的转线运行。为了保证列车在转线过程中运行的安全平稳，道岔也采用了与轨道梁相似的梁式结构。

单轨道岔从外形结构来看，由机械装置、驱动装置和控制装置组成，根据其轨道转换的轨道股数分为单开道岔、三开道岔和五开道岔。单轨道岔又根据其转换过程中道岔梁是否弯折，分为平移式道岔和关节型道岔。

跨座式单轨轨道使用电力驱动，道岔梁体在电机驱动的情况下做出整体转辙的动作，并与 PC 梁或者下一根道岔梁形成对位，并在锁定装置的辅助作用下，完成跨座式单轨列车的变轨动作。作为一种新型轨道交通设备，其应具备很高的安全性、可靠性、耐久性以及可维修性等性能。

42 单轨系统故障时乘客怎么逃生

单轨系统如果出故障了，乘客应该如何逃生呢？以跨座式单轨为例，有以下几种方式。

（1）横向疏散救援。单轨列车在高架区间遇突发事件无法继续运行，由救援车辆与被困列车平行位置停放后，打开相邻一侧客车门，搭建横向救援设备（渡板），对被困列车上的乘客进行安全转移。

（2）纵向连挂救援。当一列车突发故障无法运行时，由救援列车将故障列车连挂后，推进 / 牵引故障列车行驶到就近的车站，再对车上的乘客进行安全疏散。除编组数相同列车连挂救援，重庆轨道交通还具备 4、6、8 编组列车混跑时的“4 救 6”“6 救 8”（即 4 节或 6 节编组列车作为救援列车连挂故障的 6 节或 8 节编组列车进行救援）连挂救援能力。

（3）垂直救援（消防云梯车）。单轨高架区间普遍高度约为 4 层楼

横向疏散救援示意图

（图片来源：https://mp.weixin.qq.com/s/fnARJQ5mUGTImssfLZIESg）

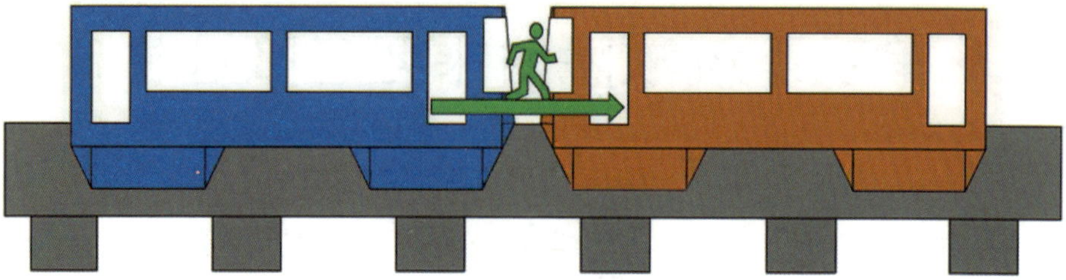

纵向联挂救援示意图

（图片来源：https://mp.weixin.qq.com/s/fnARJQ5mUGTImssfLZIESg）

垂直救援示意图

（图片来源：https://mp.weixin.qq.com/s/fnARJQ5mUGTImssfLZIESg）

高，且多建于城市道路绿化带上方，方便消防车进行疏散救援。救援时，消防、公安部门人员将消防云梯搭于列车客室门上，下方铺上救生气垫，司机配合指挥，监护乘客有序地从消防云梯上全部降至地面。

（4）垂直救援（缓降装置）。如列车迫停在轨道下方为车辆无法到达的区间，可采用人工拉梯、软梯、缓降设备和救生气垫等进行疏散。以重庆单轨2号、3号线为例，列车每节车厢内都配有一套逃生缓降装置，如缓降绳等。如遇紧急情况列车停在空中，驾驶员会手动打开列车门，拿出缓降绳，将乘客安全转移到地面。

43 轨道交通车辆如何掉头

在地铁轻轨等传统城市轨道交通方式中，折返能力往往是线路通过能力的瓶颈，也是影响发车间隔的重要因素之一。

确切地说，地铁没有掉头这一说，专业的应该叫作“折返”，即地铁列车到达终点站之后进行换向，也就是指列车从原来的方向换到另外一个方向。这种折返与常见的汽车 180° 掉头是不一样的。

地铁系统有两种折返方式：站前折返和站后折返。

站前折返，即进入站台前，道岔转动至开通侧股后，列车从上行线运行至下行线，通俗地讲就是，列车进站前会通过一个道岔先驶入到对向车道，接着进入对向车道的站台，乘客下车，新的乘客在同一侧上车，驾驶员从车头走到车尾，继续前进。但是站前折返会出于保持列车安全间距等方面的考虑，往往会使列车间隔增加。

站后折返，即列车上行站台停稳，站台作业完毕，相应道岔转动至正确位置，列车进入折返线。换好驾驶端后，准备出折返线，等待站后折返道岔转动至正确位置，出折返线进路开通，折返至下行站台。简单说就是列车驶过终点站，乘客下车之后继续往前开一段距离，再

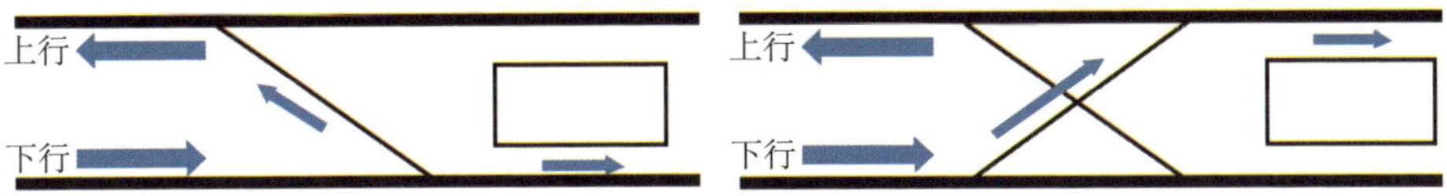

站前折返示意图

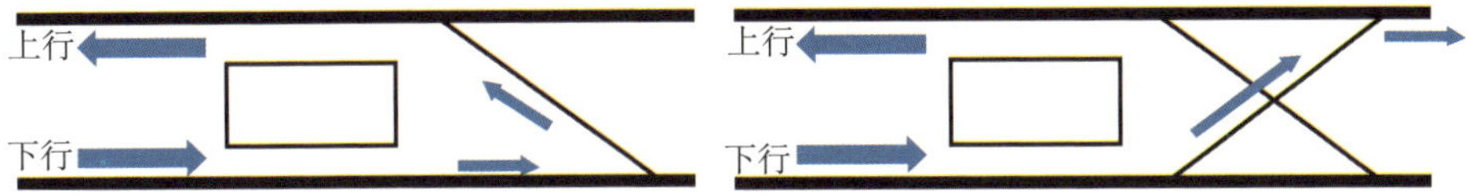

站后折返示意图

进行折返操作。一般的终点站折返都是采用这种方式，上车和下车区域是分开的，有利于疏导人流，但是折返时间长一些。

不同的折返方式有不同的作业流程。

（1）站前折返的作业流程包括：办理下行列车进站进路——下行列车进入站台——列车停站上、下客——驾驶室转换——快速充电——办理出站进路——列车出站。其中，列车停站上下客、驾驶室转换和快速充电可以同步进行。

（2）站后折返的作业流程包括：办理下行列车进站进路——下行列车进入站台——列车停站下客——办理列车进折返线进路——列车进折返线——驾驶室转换——快速充电——办理列车出折返线进路——列车出折返线——列车停站上客——办理上行列车出站进路——上行列车出站。其中驾驶室转换和快速充电可以同时进行。

现代列车无论是地铁或是高铁、火车，折返大多是采用双车头轮流换向牵引的方式，即列车本身就具有双向行驶的能力，列车到达终点站后通过更换驾驶端的方式就能完成换向行驶。

44 碳纤维材料在轨道交通中的应用

碳纤维材料，大家听着是不是有点陌生？

碳纤维复合材料具有高比强度与刚度、隔热、耐疲劳、阻燃、耐腐蚀、可设计性强等优点，应用于高速轨道交通是其未来的发展趋势之一。据介绍，目前国内碳纤维增强复合材料在高速轨道交通领域的使用，已经从一些零部件开始向承载构件和大型构件发展。

1）车体外壳应用

车体的作用是安装基础和承载骨架，现代动车组车体均采用整体承载的钢结构或者轻金属结构，以实现在最轻的自重下满足强度和

碳纤维头罩

刚度要求。采用碳纤维三明治复合材料构件、铝蜂窝夹芯结构更容易实现轻量化，与传统铝合金车体相比，复合材料车体外壳总质量降低40%，车体的静强度、抗疲劳强度及防火安全性等各项性能指标均能满足设计要求。

2）转向架应用

转向架是高铁上特别重要的高强度部件，起支承车体、转向和制动的作用，并保证机车车辆在轨道上安全平稳地运行。作为关系到整个车辆安全性的主承载件，转向架的性能必须满足安全性高、运行舒适以及耐磨损、易检修等多种要求。采用碳纤维复合材料制成的转向架整体比普通钢制构架质量减轻30%。

3）刹车片应用

用碳纤维制成的刹车片，可承受更高的制动摩擦热冲击，制动噪声低、耐磨性好，磨损率低于钢纤维刹车片，且耐腐蚀性强，延长了刹车片的寿命。

碳纤维复合材料在高速列车中的应用，表现出巨大的优势，其在轨道交通领域将具有广泛的应用前景。

45 无人驾驶常见分类

随着智能化、信息化技术的日新月异，中国的无人驾驶地铁也得到了迅猛发展，已经有越来越多城市的地铁业主正在投入无人驾驶轨道交通的研究与应用中，并正在赶超欧美，占据全球主导位置。

据《RT 轨道交通》不完全数据统计，目前国内（含港台）已实现无人驾驶的地铁线路达 6 条，规划和在建中的无人驾驶地铁线路达 40 条。集“智能、安全、可靠”于一身的“无人驾驶”技术早运用到了我国的地铁建设中，全自动列车控制系统不断创新突破，甚至有些地铁工程被誉为世界工程界的“诺贝尔奖”。

谈起全自动无人驾驶，大家脑海中浮现出来的应该是列车在没有司机的情况下自动停站、开关门、自动发车实现自动载客运行。

没有司机，是的。在无人驾驶项目中，系统必须能够替代司机

不同类型车辆司机室布局

完成其在有人驾驶项目中的职责，甚至要做的更好才有可能实现无人驾驶。

那原来司机主要做什么呢？司机工作至少包括以下几点：

(1) 驾驶列车；

(2) 故障处置，如受电弓、气制动、气阀、车门故障后的车门切除等；

(3) 监视车厢状态；

(4) 对讲乘客，处理由乘客引发的紧急事件；

(5) 紧急停车，由司机识别的列车运行过程的紧急情况；

(6) 重启系统；

(7) 辅助管理，包括车上照明、空调、通风等；

(8) 接收调度命令。

那么要真的实现无人驾驶，是不是只要让系统替代司机上述功能就行了呢？当然不是。实现无人驾驶不仅要克服硬件条件，还要实现很多软件功能。根据国际公共交通协会将自动化等级划分为 5 个阶段，分别是 GOA0、GOA1、GOA2、GOA3 和 GOA4，具体功能见下表。

自动化等级分类

自动化等级	列车运行类型	列车运营时操作控制	列车停车时操作控制	关闭车门操作控制	干扰事件下运行控制
GOA0	带司机的无 ATP	司机	司机	司机	司机
GOA1	带司机的 ATP	司机	司机	司机	司机
GOA2	STO	自动	自动	司机	司机
GOA3	DTO	自动	自动	乘务员	乘务员
GOA4	UTO	自动	自动	自动	自动

注：ATP——列车自动保护系统；STO——半自动列车运行；DTO 有人值守下列车自动运行；UTO——无人值守的自动运行。

46 轨道交通有红绿灯吗

不管是开车或是步行，我们都知道“红灯停、绿灯行”的交通规则。但红绿灯是什么时候有的？为什么非是红灯停、绿灯行呢？中国的第一个红绿灯是什么时候出现的？今天就为你八卦一次红绿灯的小故事。

据可靠记载，最早的红绿灯起源于 19 世纪初的英国。

19 世纪初，在英国中部的约克城，红、绿装分别代表女性的不同身份。其中，着红装的女人表示我已结婚，而着绿装的女人则是未婚者。后来，英国伦敦议会大厦前经常发生马车轧人的事故，于是人们

轨道交通基地信号灯

轨道交通正线信号灯

受到红绿装启发，随后，信号灯家族的第一个成员就在伦敦议会大厦的广场上诞生了。这就是红绿灯的起源故事啦！

听了这个神奇的起源故事，你是不是觉得平日里规则至上的红绿灯也不再那么严肃啦！“红灯停，绿灯行”这是个众所周知的交通规则。上下班高峰时期最常见的景象就是交通灯转绿时，一大波车辆奔涌而出，气势浩浩荡荡。市政道路交通红绿灯功能如此强大，那么轨道交通车辆有红绿灯吗？

答案是肯定的。

马路上的红绿灯有“红绿黄”三色，而轨道交通的红绿灯除了红绿黄以外，还有白、蓝、双黄、黄红以及白红几种颜色。在地铁里，我们不叫它“红绿灯”，而是称为“信号机”。信号机种类众多，正线进路防护信号机、进厂信号机、出厂信号机、发车进路信号机、列车阻挡信号机及调车信号机等。

有轨电车轨道运行时也需要遵守“红灯停、绿灯行”的交通规则，只不过国内有轨电车大多数仅在路口处共享路权，信号灯的作用比较明显。有轨电车一般分为两类，一类是轨道设置在道路中间，也就是中心草坪区域的，如此一来，到达十字路口时，需要拐弯横穿整个十字路口，因此规则上是和普通车辆一样的，需要按信号灯的指示行走。

所以说，有的区域在设置有轨电车之后，还会专门配置其专用路线和专用红绿灯，因为轨道车辆体积比较大，两三节的车身载客量可达上百人，一般是普通大巴车的好几倍，所以通过十字路口时，车速比较慢，用时比较久，因此其通行规则不同于普通车辆。

47 地铁车座椅方式为什么与火车不一样

乘坐地铁时，细心的朋友会发现，大多数地铁列车座椅都是纵向摆放的，这与火车座椅方式大不相同。这是什么原因呢？

地铁列车座椅的摆放方式是为了给乘客更多的空间，因为地铁的客流量比较大，而且一般都是短途出行，乘客上下车比较频繁。因此地铁座椅如设计成与火车一样的两边横排，就会给人造成非常拥挤的感觉，而且站立空间非常小，也不便于乘客上下车，这种状态也会让地铁停站时间延长。

地铁车内座椅设计

火车给人的感觉就不一样，火车定位为长距离远途运输。远途出行的交通工具讲究舒适性，能让乘客进入休息状态。而且火车上还有放水杯的桌板，也和地铁有很大的差别。地铁作为都市日常主要通勤方式，体现的是都市快节奏。座椅纵向设计也是为了方便乘客频繁进出，带给乘车人更好的乘车体验。

高铁车内座椅设计

48 地铁运营的大脑

地铁每天能有序地穿行在地下，运送一批又一批的乘客。你知道这样的安排是由谁指挥的吗?

人类的每个组成器官都复杂而精密，它们工作得十分协调，这是因为它们都受着神经系统“司令部”——大脑的统一指挥。

地铁运营的大脑就是指挥地铁的运营控制中心（Operation Control Center，OCC）。它负责一条或多条地铁线路的运营管理，是行车、电力、环控、维修的调度指挥中心，也是地铁信息收发中心与通信联络中心，负责与外界协调及联络。

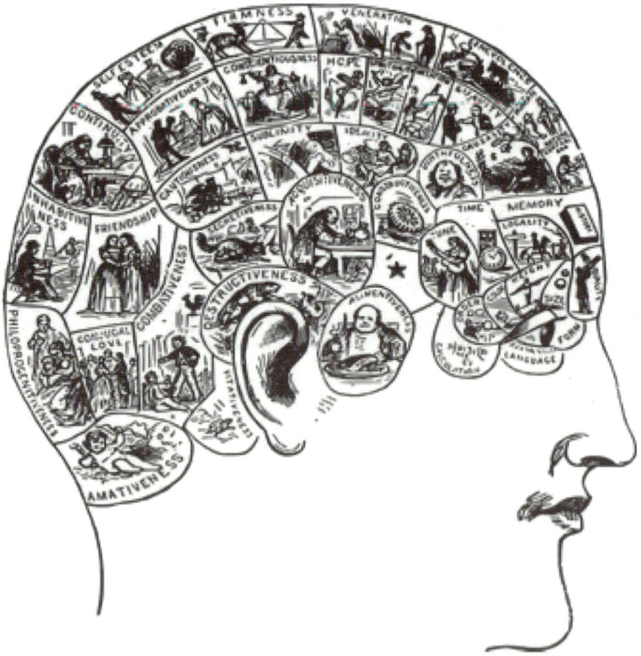

人的大脑

下面我们一起来看看地铁指挥中心的“分工”吧！

（1）行调：负责行车指挥工作，是地铁运营的“大脑”。

（2）电调：负责供电系统的管理和调度，是地铁运营的“小脑”。

（3）环调：负责环境控制系统的管理和调度。

（4）综合调度（维修调度）：负责除车辆、机电、供电外的所有设备的维修、检查、施工的组织实施。

地铁车辆的安全运营离不开各个系统的配合和地铁“大脑”的正确指挥。

地铁的“大脑”

49 码头上升起的“冉冉之星”——集运轨道

山东港口全球首创智能空轨集疏运系统。

在江河边，专供轮船或渡船停泊，上下乘客、装卸货物的“中转站”，我们称之为码头。

在陆路不发达的年代，生活在江河附近的人们，以走水路居多，码头成为交通要道，同时带动一方贸易繁荣，街道、城镇兴盛。

作为时代之需，当代码头港口新发展呼唤新的交通方式。近年来，随着全球经济发展，港口疏运量持续增大，实际运量与通过能力之间的矛盾越来越成为制约港口发展的关键瓶颈。同时，港口与所在城市的港城融合发展对集疏运提出更高要求，而传统水平运输载体的集卡

港口集装箱

尽管具备服务灵活等优势，但给城市交通带来了巨大压力，探索立体智能化、绿色低碳化运输已成为港口集疏运发展的大势所趋。时代迫切需要创新，码头也亟待明日新星。

在中国共产党成立100周年之际，全球首创智能空中轨道集疏运系统在山东港口青岛港诞生。该系统实现了空轨技术与港口业务的有机融合，打通了集装箱运输港、船、站、场间的“最后一公里”，构建起更加安全、高效、环保、经济的立体智慧绿色港口集疏运新模式新样板，为全球智慧绿色港口建设贡献了“中国方案”。这一“冉冉新星”由轨道、动车、运控、供电通信、转接和信息调度六大系统组成，实现了适应港口新型集运的新交通方式。

50 驾驶有轨电车P照

有轨电车与地铁不同，需要在道路上行驶，因此，就像要驾驶汽车要有机动车驾驶证一样，驾驶有轨电车也要持证上岗。因为有轨电车一般情况下是在道路上行驶，车辆体积大，载客人数也较常规公交多，因此想要驾驶有轨电车就需要考取专门的驾驶证，也就是P照，即有轨电车专属驾驶证。

对大多数人来说，对机动车A，B，C照并不陌生，不过P照，还是第一次听说。P照怎么考？难考吗？

和考取普通机动车驾驶证相似，P照考试分科目一、科目二和科目三。

科目一为理论，但分两部分，第一部分在车管所进行，与全国统一的机动车驾驶人科目一考试相同。第二部考试内容包括有轨电车基础知识，线路、信号等专业知识。

科目二考试也分两部分，第一部分是让学员在场内线路驾驶，考核车辆起步、定点停车、弯道行驶等技能；第二部分则是通过驾驶模拟器完成，主要模拟车辆出故障时如何处理、遇到雨雾天和湿滑路面时如何行驶等。

科目三与普通机动车驾驶证的大路考类似，除了在场内线路驾驶外，还要在实际运营的线路上驾驶。

有轨电车驾驶是通过操作司控器完成的，与传统汽车通过方向盘控制有很大不同。驾驶员通过触摸式电子屏控制检查车门、空调、灯光、雨刷、监控及广播等系统，一定意义上要求电车驾驶员有眼观六路、耳听八方的机敏反应！

目前国内有轨电车运营比较早的几个地方都有了有轨电车P照培

训学校，例如沈阳纵横现代有轨电车驾驶员培训服务学校、淮安有轨电车培训学校、苏州有轨电车培训学校和广州有轨电车培训学校等。培训学校的成立，既是为全国有轨电车行业发展作出贡献，也是现代有轨电车从“输血”向“造血”转变的大跨越，是一件非常有意义的大事件。

51 冰雪之城开来了“冬奥小火车”

崇礼，曾经是一座深藏的小山城，崇礼境内80%为山地，森林覆盖率达到57.9%，这里夏季平均气温19℃。在这里，穿梭林海，漫步花海，既有山地丛林风光，又有高原草甸景致。这里的天然次生林面积居河北省县域之首，是北京西北部的重要生态屏障，是北京周边条件最好的避暑度假生态旅游胜地。

与此同时，崇礼的北国风光、冰雪风光绽放出无尽冬日激情。

“北国风光，千里冰封，万里雪飘。
望长城内外，惟馀莽莽；大河上下，顿失滔滔。
山舞银蛇，原驰蜡象，欲与天公试比高。
须晴日，看红妆素裹，分外妖娆。
江山如此多娇，引无数英雄竞折腰。
惜秦皇汉武，略输文采；
唐宗宋祖，稍逊风骚。
一代天骄，成吉思汗，只识弯弓射大雕。
俱往矣，数风流人物，还看今朝。”

崇礼冬季降雪频繁，雪量大，最大单次降雪曾达63.5 cm，一个雪季累计积雪厚度达1 m左右，存雪期150多天，且雪质优良。冬季平均气温为-12℃，平均风速只有2级，冬日里的冰天雪地，山舞银蛇，尽显北国风光。

由于筹办2022年冬奥会，张家口市崇礼区在几年间，知名度迅速攀升。这座在大山掩映中的小城，如今已经形成了集休闲度假为一体的旅游产业体系。

崇礼太子城小镇有轨电车（又称“冬奥小火车”）车身外形炫酷，太空质感，内饰圆润，雪花涂装配合冬奥元素，整体造型简约时尚。冬奥核心区将通过有轨电车实现短途接驳及崇礼赛区的穿梭衔接，有力保障 2022 年北京冬奥会的交通运行。

冬奥小火车是冰雪小镇内部的特色交通，用于满足小镇各功能区块串联的交通需求和形象展示需求。而作为全国首条精品旅游电车线路，小镇有轨电车由北向南串联起小镇的四季商街、太子城国际会议中心等，线路全长 1.594 km，北起太子城考古遗址公园，南至洲际酒店和小镇剧院，共设 6 个车站，其中颁奖广场站可以直接接驳太子城高铁站，给抵达冬奥核心区的游客提供极大方便，有力保障 2022 年冬奥会的交通运行，同时为冬奥会之后的可持续运营赋能。

考虑到崇礼独特的气候条件，结合绿色生态友好生活方式，特地引入使用绿色能源的慢行有轨电车线路，作为地块内步行交通的补充。

雪地列车

崇礼有轨电车线路图

崇礼有轨电车

线路配置 100% 低地板现代有轨电车，并专门设计雪具存放装置，便于滑雪客携带雪具以及高铁乘客无缝换乘，为乘客考虑得十分周到贴心。有轨电车开到太子城国际会议中心之后进入地下暖街运行，乘客下车后可直接进入酒店和会议会展空间，这在崇礼严寒的冬季是非常暖心的安排。

52 百变有轨电车

不变是虚无的，只有改变才是永恒的。大家都知道餐厅有不同主题，可是你知道有轨电车也是可以有不同主题的吗？

1）三亚有轨电车“庆祝建党 100 周年”红色主题专列

在庆祝中国共产党成立 100 周年之际，三亚红色列车的主题新颖，可以算是一个新的打卡点。列车配备景区自助解说二维码，乘客只需用手机扫码便可听取线上解说，更全面地了解图片背后的红色历史。

2）广州海珠线多姿多彩的主题列车

“时光穗道、悠乡漫旅”——广州有轨电车海珠线文旅主题列车一早便迎着朝阳出发了。它将美丽乡村“搬进”车厢，青青稻田，白鹭飞舞，碧水青山，野趣天成。“时光穗道、悠乡漫旅”主题列车，将“广州后花园”从化美景带到了繁荣的城市中心。

智慧农业“金扁担”、美丽乡村“新画卷”、特色粤味“返寻味”三个篇章对应着车厢的手绘长卷，一一在乘客面前展开。拿起手机扫一扫车内座椅上贴的二维码，即可更深入地获取从化的旅游景点、文化民俗以及农特产品等相关资讯，通过多样化的交互让乘客坐在列车里就如同驶入从化地界，在都市中慢享悠闲清新的乡村美丽风光。

3）淮安全国首列“国安号”主题有轨电车

淮安市“国安号”主题有轨电车内外车厢均以国家安全元素涂装设计，张贴国家安全主题宣传海报、国家安全知识问答二维码，车厢内部播放全民国家安全宣传公益广告视频，旨在提升社会公众国家安全意识，普及国家安全法律法规，号召市民支持配合国家安全工作，筑起更加牢固的国家安全屏障。

有轨电车美图

53 轨道交通献礼建党百年

1）数字轨道电车来了

上海临港新片区中运量 T1 线全长 21.7 km，于 2021 年 6 月 30 日上午 10 时正式投入运营，是国内第一条数字轨道胶轮（Digital Rubber Truck，DRT）电车。

T1 线采用的是国内第一条 3 节编组数字轨道胶轮 DRT 电车，利用地埋无源磁钉形成数字化轨道，具有传统有轨系统中的钢轨导向功能和信号系统功能，实现列车自动导向和精确控制。

其数字化轨道安全可靠，列车底部安装磁传感器，可使列车实时定位，实现沿轨道线高速行驶。列车能适应各种路况，其内部大部分

临港新片区中运量 T1 线

采用低地板设计，车门入口与公交站台同高，方便乘客及残障人士乘车，设计十分贴心细腻。

相比于传统有轨电车，数字轨道胶轮（DRT）电车取消了钢轨和接触网，具有使用成本低、续航里程长、编组形式灵活、智能化程度高等优点，在工程方面具有建设周期短、路面占用少、节能减排效应显著等优势，高度契合临港新片区打造绿色化、智能化、集约化交通体系的要求。

T1 线外观像是未来感十足的高科技车辆，车身长度 30 m，车辆最高运营速度可以达到 70 km/h，三编组单列车最大载客可达 302 人。采用超级电容，单程续航超 30 km，更加绿色环保、高效节能。

2）有轨电车，无限未来

在纪念中国共产党建党百年之际，嘉兴有轨电车别有特色。在装扮别致的“红船少年号”专列车厢里，各种各样的元素讲述着党诞生

嘉兴有轨电车

地的故事。

“红船少年号”是嘉兴市委市政府为全市少年儿童专门设立的有轨电车专列，凝聚着对红船少年们成长的关心和期许，寓意着“红船精神”的弘扬和传承。

嘉兴有轨电车一期工程共采购 20 辆有轨电车，融入了国内最新的技术成果，是新一代“人性化、智慧型、绿色环保”的有轨电车。车辆采用 5 模块编组，总长度为 34.8 m。选择钢轮钢轨、100% 低地板的车辆，设 60 个座席，最大载客 368 人。采用无触网超级电容供电，车辆在站台充电。最高运行速度 70 km/h，平均运行速度可达 23 km/h。

54 手拉手轨道交通

每到秋天，北京香山漫山遍野的黄栌树叶红得像火焰一般。唐杜牧有诗云：停车坐爱枫林晚，霜叶红于二月花。每年国庆，踏着初秋的步伐，北京也迎来了全年最美的季节，越来越多的市民会选择乘坐西郊线前往香山、植物园周边出游赏秋。

北京现代有轨电车西郊线是北京运营的第一条现代有轨电车线路。线路东起海淀巴沟，西至香山公园，线路总长 8.8 km，途经颐和园西门、茶棚、万安和植物园站，贯穿美丽的“三山五园”。

北京西郊线作为此片风景区主要交通线路实力担当，如何准时快速的满足广大百姓的需求成了亟待解决的问题。

北京西郊线车辆

车辆联挂运行

“手拉手，做个好朋友”，西郊线两列车重联就很好地解决了这一问题。北京有轨电车西郊线重联后，从原有 5 模块车厢增加到 10 模块，车辆载客定员也由原来的每车 280 人增加到 560 人，运力整整提高了一倍。重联列车开行后，按照重联车每组车定员 560 人计算，单向每小时运力为 3 920 人次，比重联前增加 1 120 人次，运力增幅 40%。

有轨电车是如何重联的呢？它指的是两辆同型号的有轨电车连挂运行，共用一个控制系统、电力系统和网络系统，由一名司机完成驾驶控制，从而达到提高运能的目的。车辆重联后的动力和电力较单车增加了一倍，运力也相应地翻倍。

重联车辆运行平稳，跟单车运行相比，从乘坐体验上来说没有差别，绝大部分乘客都不会觉察到车辆的重联运行。为方便乘客在列车内欣赏周围的美丽风景，其车辆还人性化地采用大玻璃窗设计。有轨电车西郊线的开通，不仅满足了香山地区居民日常通勤需求，也是周末和假日市民出游爬山观光旅游的首选线路，同时还是网友拍照打卡的热门线路，被誉为“最美西郊线”。

55 世界“第三大工程”之滇越米轨铁路

目前世界上还有使用米轨铁路的地区有法国、中国云南、越南、缅甸、马来西亚等。

我国云南某些地区之间仍然用米轨相互连结，其中最主要的是法国人100多年前建造的滇越铁路，它是西南地区的第一条铁路及中国第一条通车的国际铁路。

滇越铁路是东南亚地区一条连接中国昆明和越南海防港（经中越口岸河口）的铁路，是中国西南地区的第一条铁路，为米轨铁路，呈南北走向。滇越铁路被《英国日报》称为与苏伊士运河、巴拿马运河相媲美的世界“第三大工程”。

米轨小火车

据了解，1903—1910年，法国人在云南设计修筑的滇越铁路，是国内最有名的米轨铁路。最初，它是法国人在1910年建成的滇越铁路的滇段。法国人没有遵循常规的思路，从云南出发、借道广东、从香港出海，而是沿红河河谷修建了这条铁路，直接通向越南海防，通往大海。这条轨距仅为1 000 mm的铁路，从昆明蜿蜒至中越边境小镇河口，全长487 km，途经丘陵、草甸、平坝、高山、峡谷，经历了近百年的冲刷，时速仅为30 km。

56 快速有轨电车

在国内城乡一体化发展、建设特色小镇的背景下，为了实现城镇组团间高效舒适的快捷运输，一种运量适宜、速度快捷的快速有轨电车交通方式颇具市场前景。

快速有轨电车是一种依靠司机瞭望驾驶，以地面敷设为主，最高速度达 100 km/h 的快速通勤交通方式。快速有轨电车不同于普通的现代有轨电车，其主要特点是最高运行速度高，主要用于市域通勤、市郊卫星城镇等快速交通领域。

快速有轨电车既具备有轨电车的基本属性，又具备地铁、轻轨等快速运行轨道交通的特征；既可以实现轨道交通的快速通行功能，也可以实现快慢车组合、灵活编组、网络化运营组织模式等公交化的运营效果。

快速有轨电车在国内市域通勤、市郊卫星城镇等快速交通领域有很好的适应性。我国有 14 亿人口，随着城镇化建设步伐加快，大型城市市郊区域、小型卫星城镇以及小城市组团之间快速通勤需求不断加大，快速有轨电车应用于这些领域不仅能充分发挥现代有轨电车在城市运营中的灵活便利性，而且能够快速实现与其他轨道交通方式的换乘或者不同地点的快速通勤；其建设运营与普通的现代有轨电车相同，在同级别快速运能需求下的性价比也较高。

欧洲有轨电车建设历史悠久，世界上有轨电车最早出现在德国柏林。纵观欧洲各城市的现代有轨电车系统，其在速度等级、供电制式、线网规划、建设和运营等方面发展比较全面。法国里昂的快速有轨电车如下图所示。

法国里昂国际机场，是法国第三大城市的国际机场，机场距离里昂市东部中心约 20 km，是整个罗纳普阿尔卑斯山地区的重要交通枢

里昂快速有轨电车

纽。从里昂机场到市中心一般有 3 种交通方式：机场大巴，发车间隔 20 min，运行时间 45 min～1 h；出租车运行时间约 40 min；机场快线的运行时间约 0.5 h。

里昂机场快线全称 Rhonexpress，简称 RX，是一条连接里昂主城区与机场的快速有轨电车线。里昂机场快线采用的是 6 列瑞士 Stadler 公司生产的 Tango 系列车辆。Tango 系列快速有轨电车最高运行速度达 100 km/h，不存在悬浮车体，车辆每个模块均配备转向架，由于采用 70% 低地板形式，车厢内存在明显台阶。作为长距离快速运输的交通工具，考虑到舒适性，该车辆内部设置较多座椅，定员一般按 4 人 /m^2 计算。

目前仅在欧洲和美国少数地区有快速有轨电车系统，国内快速有轨电车工程设计秉承“景城相融、文化交通、捷运利民”的设计理念，从车辆快速化、线路及路权条件、综合智能交通一体化等多个维度进行研究，旨在满足快速、舒适、城郊一体化高品质的交通需求。

57 海上列车

我行过许多地方的桥，
看过许多次数的云，
喝过许多种类的酒，
坐过许多类型的车；
却始终，
没能坐一次海上列车；
这一生，
必然要去看一次的，
就是海上列车。

《千与千寻》是宫崎骏和吉卜力工作室最具代表性的作品之一，2001 年在日本上映，创造了 304 亿日元的票房神话，2019 年在国内上

海上列车

（图片来源：https://pixabay.com/photos/train-railway-railway-station-6354741/）

茶卡盐湖“海上列车”

映同样取得了不错的票房成绩。除了剧情非常棒之外，这部动画电影的背景设定也非常引人入胜，尤其是千寻和无脸男他们前往钱婆婆那里时乘坐的海上列车，那真是让人想在现实中坐一次，而有网友发现海上列车在现实中还真是真实存在的，而且不仅日本有，国内也有！

如果有机会，一定要去青海的茶卡盐湖看看行驶在海上的列车。

在茶卡盐湖，放眼望去，四周都是白茫茫的一片，茶卡盐湖水很清澈，可以清晰地看见湖底白色的盐体。为了促进青海旅游业的发展，青海省专门开通了“天空之镜号”旅游专列。伴随着“嘟嘟”的鸣笛声，小火车缓缓地开出，行驶在水天一色的盐湖里，从远处望去，茶卡盐湖仿佛一面“天空之镜”，寂静又美好。这条专列被当地人称为大美青海最美铁路专线。

58 海牙的轨道交通大聚会

海牙（Hague），荷兰第三大城市，南荷兰省省会，位于荷兰西海岸，距北海约 3 km。荷兰女王贝娅特丽克丝居住在海牙并在此办公，所以荷兰中央政府，以及所有的政府机关、联合国主要司法机关——国际法院、外国使馆都设在海牙。海牙同时也是在荷兰、比利时、卢森堡三国最受欢迎的海滨旅游城镇，是一个旅游胜地。

1）荷兰海牙轻轨 4 号线：一车走三种轨道

海牙轻轨 4 号线分三段式运行，第一段是行驶在既有国铁轨道上，充当市域铁路列车，快速连接祖特梅尔市和海牙市，同时增加了一些站点充当祖特梅尔市内的快速轨道交通。第二段和鹿特丹跨市地铁 E 线共线运行，地铁使用高站台，轻轨使用低站台，连接海牙市郊和市区，之后进入一小段市中心独立路权。第三段运行在海牙市有轨电车轨道，不过仅行驶在有专属路权的线路，避开海牙传统路面电车的共享道路。

2）荷兰海牙市中心火车站：大锅烩

海牙的城市轨道交通主要是有轨电车和一条连接鹿特丹的任仕达铁路。有轨电车线路长约 105 km。任仕达铁路包括任仕达 3 号、4 号线和 E 线（即鹿特丹地铁 E 线）。

任仕达 3 号、4 号线的前身是由国家铁路运营的海牙市郊铁路——祖特梅尔线，现已改造成轻轨制式，连接到有轨电车 3 号线和 6 号线。

任仕达 E 线实际上是连接鹿特丹和海牙的一条铁路线，全长 24 km，直流 1 500 V 架空接触网供电，采用准地铁式服务。

海牙市中心火车站分成了 4 层，地下一层为机动车道，地上一层运行火车和电车，地上二层运行轻轨和公交，地上三层运行地铁，轻松分流。

59 轨道交通里的潜水艇——地铁橘子洲站

我国的很多风景都是非常让人遐想连篇的，并且各种风景都有各自的特色，比如说东北的风景比较浓重，不管是人文气息还是自然景观，给人的感觉就像是从天上淋下一盆水一样，非常的厚重，尤其是当你看见了长白山的原始森林之后，这种感觉就更加的明显。

而如果你是去到了江南的水乡，你就会感受到一种非常安静的体验，全部的风景都非常的安静，所以你能够感觉到全身都进入了一个非常静谧的空间里面，而且非常的清秀。

但是如果你去到了西南的很多景区，体验就又会不同了，西南的部分景区很多都是非常秀丽的，自然风光与人文景观的结合才是这里的重头戏，可是今天我们要说的这个风景，可以说是非常的奇特，而且还能够体会到现代科技的气息，到底是什么地方呢？我们一起来了解一下吧。

地铁橘子洲站最深处下穿橘子洲 32 m。

一篇《橘子洲头》，让湘江之心橘子洲名扬海内外，橘子洲地铁站就深埋世界名洲橘子洲景区下方。

橘子洲位于长沙市区中湘江江心，是湘江下游众多冲积沙洲之一，也是世界上最大的内陆洲。橘子洲，西望岳麓山，东临长沙城，四面环水，绵延数十里，狭处横约 40 m，宽处横约 140 m，形状是一个长岛，是长沙的重要名胜之一，也是国家 AAAAA（5A）级旅游景区和国家级重点风景名胜区。橘子洲地处名山、城市之间，浮袅袅凌波上，被誉为“中国第一洲”，这里更有着全国十分具有特色的地铁江心洲站。

长沙地铁 2 号线橘子洲站最深处约 32 m。从下至上，车站地下 4 层

湖南省人民政府
People's Government of Hunan Province

首页 省政府 政务要闻 政务公开 一件事一次办 互动交流 政府数据 锦绣潇湘 本站 · 请输入关键字

首页 > 政务公开 > 重大项目

长沙地铁2号线橘子洲站开建 最深处下穿橘子洲32米

湖南省人民政府门户网站 www.hunan.gov.cn 发布时间：2010-08-19 00:00 【字体：大 中 小】

8月18日凌晨，工程技术人员将150立方米375吨混凝土浇筑完毕。首批8幅地下连续墙建成，标志着橘子洲站全面开建。中铁五局地铁2号线4标5标项目经理黄昌洋说，橘子洲站为地铁2号线唯一建在湘江中的地铁站，也是最深的一个地铁站。计划2012年7月主体建成。

长沙地铁 2 号线政府重大项目信息发布截图

结构依次为站台层、设备层、站厅层和地下物业层。负一层是供乘客过渡的过厅层，负二层供乘客买票、检票、进闸，负三层用作设备存放，负四层才是候车月台。从入口进入，通过垂直高度约 20 m 的自动扶梯后，仅到达地下一层，然后是两层商铺，再往下才是站台。

60 轨道交通里的“医院”

医院 (Hospital) 一词来自拉丁文，原意为“客人”，因为一开始设立时，是供人避难，还备有休息间，使来者感觉舒适，有招待意图，后来才逐渐成为满足人类医疗需求，提供医疗服务的专业机构，收容和治疗病人的服务场所。通常，医院是一个地区的主要医疗机构，有大量的病床，可以同时为许多患者提供重症监护和长期照顾。主要以处理各种疾病和损伤的医院是综合性医院，它们通常包括急诊部、门诊部和住院部。

医院的功能如此强大，社会人几乎无所不知，无人不晓啊！人吃五谷杂粮，总会有生病的时候，那么轨道交通车辆呢？会不会马失前蹄呢？

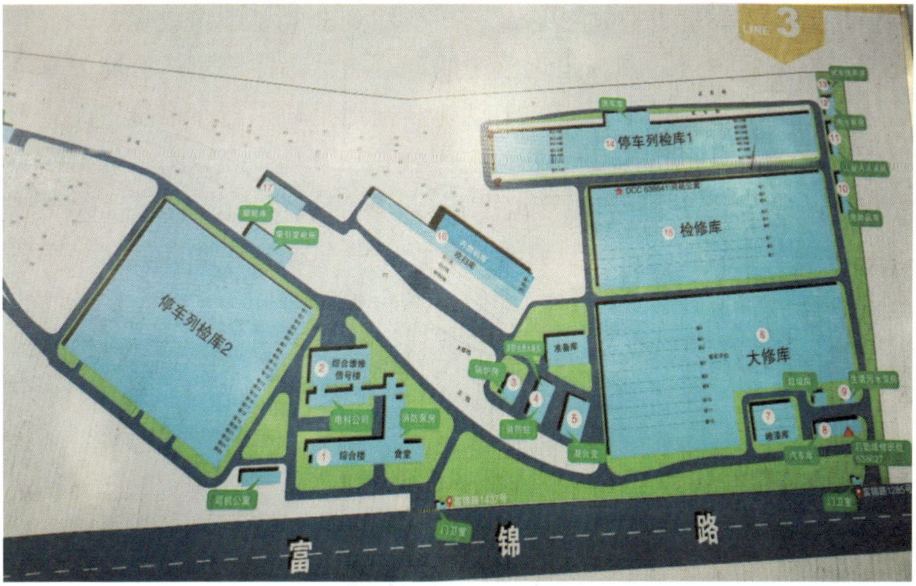

常见车辆基地平面布置图

常见车辆基地检修库

当然会呀！毕竟机器也会出故障，谁也没法全年无休还完好无损嘛。

轨道交通车辆停止运营后，一般会回到车辆基地停放休息，或是进行定期体检修理，抑或是运营中的车辆突然出故障了都会回到车辆基地检修。城市轨道交通中的车辆检修基地是轨道行车系统中的重要组成部分，通常指车辆段或停车场。在这个场所，可以有效地对多条线路车辆进行检修保养、维修、停放、车辆清洁及动态调试等。

车辆检修基地在城市轨道的运行管理中有着很重要的作用。车辆检修基地可以下设各个单位（部门）运行检修车间，运行检修车间也可以下设若干个检修点。

车辆段的主要功能：承担车辆的定修、大修、架修（厂修）等定期修理任务，段内设备和机具的维修，调车机车、工程车等的整备及维修，以及负责段内列车停放、编组和日常检查、一般故障处理、清扫洗刷和定期消毒等日常维护保养。

停车场的主要功能：负责段内列车停放、编组和日常检查、一般故障处理、清扫洗刷及定期消毒等日常维护保养。

参考文献

[1] 徐正良. 有轨电车概论 [M]. 北京：中国铁道出版社，2018.

[2] 中国城市轨道交通协会. 城市轨道交通分类 [S]. 北京：中国铁道出版社有限公司，2020.

[3] 住房和城乡建设部. 中低速磁浮交通设计规范 [S]. 北京：中国建筑工业出版社，2017.

[4] 徐正良. 有轨电车车辆[M]. 北京:中国铁道出版社,2018.

[5] 沈继强. 现代有轨电车车辆选型和供电方式[J]. 中国市政工程,2012,165(5):68–71.

[6] 秦舒. 快速有轨电车在我国的适应性分析[J]. 城市轨道交通研究,2019,22(S1):21–23.

[7] 陈晓丽. 城市轨道车辆电气[M]. 北京:中国铁道出版社,2013.

[8] 韩庆军, 姚正斌. 氢燃料电池有轨电车结构设计及控制方法研究[J]. 机车电传动,2016(2):48–51.

[9] 高立. 胶轮导轨电车使用胶轮的优缺点分析[J]. 城市轨道交通研究,2011(4):111–112.